KB265910

담쟁이
대통령
유정복

내 공부의 끝은

언제나 사람이다

초판 1쇄 발행   2026년 3월 11일

지은이   권현

디자인·제작   디자인온

02.6958.9213

ISBN   979-11-996435-0-5

기준

'생일이 똑같은 두 사람'

정약용의 꿈,
유정복의 미래

글 권현

들어가며

세상을 바꾸는 힘은 때로 아주 오래된 책장 사이에서, 혹은 거친 파도 위에서 시작됩니다. 이 책은 한 개인의 기록이자, 우리가 함께 나아가야 할 길에 대한 제언입니다.

다산의 정신으로 세운 기준

유정복의 삶을 관통하는 가장 핵심적인 키워드는 '다산 정약용'입니다.

그는 대학 시절부터 다산 정약용의 『경세유표』와 『목민심서』를 곁에 두었습니다. 인생의 고비마다 그 책들을 펼쳐보며 마음을 다잡았고, 공직자가 가져야 할 청

렴함, 그리고 국가 경영의 원칙을 삶의 이정표로 삼았습니다. 다산의 가르침은 단순한 지식을 넘어, 흔들리지 않는 삶의 기준이 되었습니다.

민생의 엄숙함과 경건함

인천 국립해양박물관에 소장된 문순득의 『표류인 문순득 일기』를 통해 '먹고사는 문제'의 엄중함을 다시금 깨달았습니다. 거친 바다를 헤치며 살아남은 선조의 기록에서 대한민국 국민의 뿌리 깊은 생명력과 일상의 위대함을 보았습니다. 정치는 결국 국민의 삶을 보듬는 가장 경건한 일이어야 한다는 확신이 여기에서 출발했습니다.

담쟁이가 보여준 연대의 힘

연세대학교 개교 140주년을 맞이한 2025년, 학교의 상징인 '담쟁이'에서 깊은 영감을 얻었습니다. 담쟁이는 결코 서두르지 않지만, 수천 개의 잎이 손을 잡고 결국 거대한 벽을 넘습니다. 도저히 넘지 못할 것 같은 시대의 장벽 앞에서 묵묵히, 그러나 함께 나아가는 담쟁이의 가치를 믿습니다.

시대를 관통하는 설계도

공교롭게도 다산 정약용과 유정복의 생일이 같습니다. 다산 이 18년의 고난 속에서 써 내려간 저서들이 나라와 백성을 향한 간절한 '설계도'였듯, 그 간절함이 오늘날 유정복에게 이어졌다고 믿습니다. 다산이 꿈꿨던 설계도를 들고, 이제 인천과 대한민국의 미래를 위해 그 꿈을 실현 해 나가고자 합니다.

주관적인 소회에 매몰되지 않고, 냉철한 시각으로 실천적 대안을 기록하려 노력한 이 설계도가 여러분과 함께 그리는 미래의 지침서가 되기를 소망합니다.

2026년 1월

목차

008   1부   기준을 세우다

정약용이 던지는 단 하나의 질문

062   2부   조선의 홍어장수 문순득

3년의 모험을 하루에 털어내고,
이튿날 새벽 바다를 연 사람.

092   3부   담쟁이 대통령, 유정복

반드시, 우리는 숲이 된다

136   4부   정약용의 꿈, 유정복의 미래

인천이 대한민국이다

1.

기준을 세우다

|정약용이 던지는 단 하나의 질문|

기준이 사라진 시대에,

한 사람을 다시 부르다

우리는 기준이 사라진 시대를 살고 있다.

무엇이 옳은지 묻기보다,

무엇이 편리한지를 먼저 계산한다.

틀렸다는 말보다

"어쩔 수 없다"는 말이 더 자주 쓰이고,

책임이라는 단어는

문장 속에서만 안전하게 머문다.
이 시대는 무너지고 있다기보다,
조용히 기준을 내려놓고 있는 중인지도 모른다.
이 책은 그 자리에서 시작한다.

정약용은 위대한 인물로만 기억되기에는
너무 불편한 사상가다.
그는 시대를 비난하지 않았고,
사람을 쉽게 단죄하지도 않았다.
대신 끝까지 질문했다.
왜 제도는 사람을 보호하지 못하는가.
왜 책임은 늘 가장 약한 자리로 흘러가는가.
그리고 가장 불편한 질문 하나를 남겼다.
나는 지금, 어떤 기준 위에 서 있는가.
정약용이 살았던 시대와
우리가 살아가는 시대는 다르다.
그러나 기준이 흔들릴 때 나타나는 풍경은
놀라울 만큼 닮아 있다.
법은 있지만 신뢰는 없고,
제도는 있지만 보호받는 감각은 희미하며,

정치는 말로 가득하지만 삶은 점점 무거워진다.

정약용은 이 균열을 보았다.

그리고 소리를 높이지 않고,

조용히 기준을 세우는 쪽을 택했다.

이 책은 정약용을 해설하기 위해 쓰이지 않았다.

그를 통해 오늘의 우리를 비추기 위해 쓰였다.

이 책을 읽는 당신은

특별한 사람이 아닐지도 모른다.

하루하루 성실히 살아가며,

오늘보다 내일이 조금 나아지기를 바라는

시민일 것이다.

바로 그 사람을 위해

정약용은 글을 남겼고,

이 책은 다시 질문을 꺼낸다.

이것이 옳은가.

그리고 나는 이 질문 앞에서,

끝까지 남아 있을 준비가 되어 있는가.

과거로 돌아가자는 말이 아니다.

그것은 오늘의 사회에서

누가 가장 불안한지를 묻는 일이며,

그 불안을 기준으로

국가를 다시 바라보는 일이다.

정약용은 이 질문을 끝까지 놓지 않았다.

그 기준이 있었기에

그의 사유는 오늘까지 살아남았다.

제1장

세상의 질서가 무너지다

| 기준이 사라지는 순간들 |

오래된 붕괴의 감각

세상의 질서가 무너진 지는 오래되었다.

이 문장은 분노의 포효가 아니다.

체념의 한숨도 아니다.

오래도록 현실을 바라본 사람이,

더 이상 서둘러 말하지 않아도 될 만큼

충분히 생각한 끝에 꺼내 놓은 문장이다.

정약용은 세상이 무너졌다고 외치지 않는다.
그는 다만, 이미 무너진 자리에
사람들이 여전히 질서가 남아 있다고
믿고 살아가는 모습을 조용히 가리킨다.
역사는 어느 날 갑자기 붕괴하지 않는다.
붕괴는 늘 예고 없이 시작되는 것이 아니라,
너무 많은 예고 속에서 무시된 끝에 완성된다.
작은 타협 하나,
침묵 하나,
"이 정도쯤이야"라는 말 한마디.
이 사소한 선택들이 쌓여 사회는
서서히 기준을 잃는다.
정약용은 바로 이 느린 붕괴의 시간을 살았다.

붕괴는 언제나 정상처럼 보인다

질서가 무너질 때,
사람들은 처음에는 불편함을 느낀다.
그러나 시간이 지나면 그 불편함은 일상이 된다.
그리고 일상이 된 붕괴는

더 이상 문제로 인식되지 않는다.

정약용이 본 조선은 바로 그런 사회였다.

겉보기에는 안정되어 있었고,

사람들은 여전히 관직에 오르고,

법은 집행되며, 의례는 반복되었다.

그러나 그는 알았다.

질서가 유지되는 사회와,

질서가 작동하는 사회는 다르다는 사실을.

형식은 남고, 이유는 사라지다

조선에는 법이 있었다.

관직도 있었고, 규범과 예절도 있었다.

그러나 정약용의 눈에 비친 풍경은 달랐다.

형식은 남아 있었으되,

왜 그것이 존재하는지는 더 이상 묻지 않는 사회.

규칙은 살아 있었지만, 기준은 죽어 있었다.

법은 사람을 살리기 위해 존재하지만,

사람들은 법을 피하는 법을 먼저 배웠다.

관직은 책임의 자리였으나,

점차 특권의 이름이 되었다.
백성은 보호의 대상이 아니라
관리의 대상이 되었고,
국가는 공동의 약속이 아니라
권력을 가리키는 추상적인 명사가 되었다.

기준이 사라질 때 나타나는 신호들

기준이 무너지면 사회는 조용히 변질된다.
눈에 띄는 폭력은 없다.
대신 평가의 기준이 뒤집힌다.
잘못을 저지르지 않는 사람보다
잘못을 들키지 않는 사람이 유능해진다.
옳은 말을 하는 사람보다
위험한 말을 하지 않는 사람이 살아남는다.
요령은 지혜라는 이름으로 유통되고,
침묵은 성숙이라는 포장지를 쓴다.
정약용은 이 상태를 가장 위험하다고 보았다.
왜냐하면 이 사회는
더 이상 스스로를 교정하지 않기 때문이다.

사람을 탓하지 않는 사유

정약용의 사유가 오늘까지 살아 있는 이유는

그가 사람을 쉽게 단죄하지 않았기 때문이다.

그는 개인의 도덕을 문제 삼지 않는다.

대신 구조를 본다.

사람은 언제나 구조 안에서 선택한다.

구조가 왜곡되면, 선택 역시 왜곡된다.

그는 악인을 규탄하기보다

선한 사람조차

악한 선택을 하게 만드는 조건을 해부했다.

그래서 그의 문장은 날카롭지만 소란스럽지 않다.

그는 분노로 글을 쓰지 않는다.

대신 질문한다.

이 제도는 누구에게 편리한가.

이 침묵은 누구에게 이익이 되는가.

그리고 우리는 무엇을 기준으로

이 상황을 정당화하고 있는가.

오늘의 장면, 낯설지 않은 풍경

이 질문은 오늘의 시민에게도 낯설지 않다.

우리는 규정과 절차 속에서 하루를 살아간다.

규정은 점점 정교해지지만,

책임은 점점 흐릿해진다.

"규정상 어렵습니다."

이 말은 틀리지 않다.

그러나 이 말이 너무 쉽게 사용될 때,

그 뒤에는 언제나 얼굴 없는 사람이 남는다.

정약용은 이미 이 장면을 보았다.

법이 있음에도 억울한 사람들이 있었고,

제도가 있음에도 구제받지 못하는 삶들이 있었다.

그는 이 간극을 정치의 실패라고 불렀다.

기준을 묻는다는 것

그래서 정약용의 질문은 언제나 '기준'으로 향한다.

무엇이 옳은가를 묻기 전에,

무엇을 기준으로 옳다고 말하는가를 묻는다.

기준이 사라진 사회에서는
정의조차 소음이 된다.
각자의 옳음이 충돌하고,
그 충돌은 결국 힘의 크기로 정리된다.
기준은 강요할 수 없다.
기준은 명령으로 작동하지 않는다.
스스로 받아들여질 때에만,
그리고 스스로 불편해질 준비가 되었을 때에만
기준은 힘을 가진다.

행동 이전의 결심

이 장의 끝에서 정약용은 독자를 향해 묻는다.
당신은 지금 어디에 서 있는가.
무엇 위에 서 있는가.
그 기준은 당신을 편안하게 하는가,
아니면 스스로를 불편하게 만드는가.
그는 거창한 행동을 요구하지 않는다.
단 하나를 요청한다.
오늘 하루를 살아가며

적어도 하나의 기준만은

내려놓지 않겠다는 조용한 결심.

그는 믿었다.

그 결심 하나가

시대를 완전히 바꾸지는 못하더라도,

시대를 끝까지 무너지지 않게 붙들어 준다고.

제2장

제도를 다시 세우려는 사유

| 분노가 아니라 구조로 답하다 |

분노 대신 설계를 선택하다

정약용이 제도를 말할 때,
그의 문장은 뜨겁지 않다.
오히려 차갑다.
그는 울분을 토하지 않는다.
대신 자를 대고 선을 긋듯,
국가의 몸체를 하나씩 분해한다.

무엇이 잘못되었는지를 말하기 전에,

무엇이 어떻게 작동하고 있는지를 먼저 확인한다.

사람들은 흔히 정의로운 분노가 세상을 바꾼다고

믿는다. 그러나 정약용은 알고 있었다.

분노는 구조를 다시 세우지 못한다는 사실을.

그래서 그는 분노를 눌러 글을 쓴다.

감정을 누른 자리에 사유를 놓는다.

『경세유표』라는 선택

『경세유표』는 외침이 아니다.

그것은 설계도다.

규탄이 아니라 점검이고,

요구가 아니라 구조 분석이다.

정약용은 나라를 다시 세우기 위해

먼저 나라의 뼈대를 책상 위에 올려놓는다.

누가 권한을 갖는가.

그 권한은 어떻게 행사되는가.

그리고 그 결과 앞에서

누가 책임지는가.

법이 많아질수록 사라지는 것

정약용의 시대에도 법은 적지 않았다.

문제는 법의 수가 아니라,

법을 대하는 태도였다.

법은 늘어났지만, 책임은 줄어들었다.

규정은 세밀해졌지만,

그 규정을 지는 사람의 이름은 사라졌다.

그는 이 상태를 가장 위험한 정치라고 보았다.

법이 없어서 혼란한 시대보다,

법이 넘쳐나는데

아무도 책임지지 않는 시대가 더 무섭다고.

제도는 사람을 대신해 선해질 수 없다

정약용은 제도를 신뢰하지 않았다.

그러나 제도를 포기하지도 않았다.

제도는 완전하지 않다.

그러나 제도가 없다면

더 약한 사람이 먼저 무너진다.

그래서 그는 제도의 역할을 정확히 규정한다.

제도는 사람을 대신해 선해질 수는 없지만,

악해지기 어렵게 만들 수는 있다.

흔들리는 인간을 전제로 한 설계

정약용은 이상적인 인간을 가정하지 않는다.

그는 흔들리는 인간을 전제로 삼는다.

권한 앞에서,

편의 앞에서,

침묵의 유혹 앞에서

사람은 언제든 흔들릴 수 있다.

『경세유표』는

이 흔들림이 파괴로 이어지지 않도록

구조로 막아 보려는 시도다.

오늘의 제도, 오늘의 시민

오늘을 사는 시민 역시 제도를 안고 살아간다.

우리는 규정 덕분에 보호받기도 하고,
규정 때문에 좌절하기도 한다.
"규정상 어렵습니다."
이 말이 반복될수록
제도는 사람과 멀어진다.
정약용은 이 거리를
정치의 위기라고 불렀다.

책임이라는 이름

정약용이 제도에서 가장 중요하게 본 것은 효율도,
속도도 아니었다.
책임이었다.
누가 결정하는가.
그리고 그 결정의 결과를
누가 끝까지 감당하는가.
책임이 분명할수록
판단은 신중해진다.

다시 묻는 질문

이 장의 끝에서 정약용은 다시 묻는다.

우리는 무엇을 고치려 하는가.

사람인가, 제도인가.

그는 답한다.

둘 다가 아니라, 둘 사이의 관계라고.

이 장이 요구하는 것도 행동이 아니다.

다시 한 번의 결심이다.

분노 대신 질문을 선택하겠다는 결심.

제도를 탓하기 전에

그 안에서의 나의 태도를 돌아보겠다는 결심.

제3장

유배, 그리고 질문의 방향이 바뀌다

밀려난 자리에 남은 시간

유배는 단절이 아니었다. 속도의 변화였다.

중앙의 시간은 빠르다.

보고는 쌓이고, 판단은 재촉받는다.

그 속도 안에서 효율은 미덕이다.

그러나 빠른 시간은 그늘을 만든다.

결정에서 밀려난 사람들.

결과 뒤에 가려진 얼굴들.

정약용은 권력 밖으로 밀려났다.

그늘 속으로 들어갔다.

유배지의 시간은 느렸다. 반복되었고, 길었다.

정치가 닿지 않는 자리였다.

시간이 느려지자, 비로소 사람이 보였다.

제도가 닿지 않는 삶들

책이 아니었다.

정약용이 마주한 것은 사람이었다.

억울한 농부. 글을 몰라 서류를 못 낸 노인.

법도 모른 채 처벌받는 백성.

그들은 말하고 있었다. 법은 있다.

그러나 그 법은 나를 향해 있지 않다.

제도는 정교했지만, 삶의 문턱을 넘지 못했다.

법은 종이 위에 있을 때가 아니라,

사람에게 닿을 때 비로소 존재한다.

그는 깨달았다.

제도는 끝이 아니라 시작일 뿐이다.

질문은 제도에서 사람으로

질문의 방향이 바뀌었다.

'무엇'을 고칠 것인가에서, '누구'인가로.

제도만으로는 부족했다.

제도가 아무리 좋아도 집행하는 사람이 기준을 잃으면

무너진다.

법은 사람을 대신해 판단하지 않는다.

규정은 책임을 대신 지지 않는다.

정약용은 뼈저리게 배웠다.

정치의 실패는 법이 없어서가 아니다.

사람의 태도가 방치되었기 때문이다.

마음이라는 가장 어려운 문제

마음은 감상이 아니다. 현실이다.

사람은 흔들리는 존재다.

자리와 권한에 따라 마음은 변한다.

편리함 앞에서, 이익 앞에서.

그래서 묻는다.

어떤 마음을 가진 사람이 권한을 쥐어야 하는가.

그 마음은 어떻게 지켜지는가.

이것은 도덕 강론이 아니다.

가장 치열한 정치의 문제다.

흔들리는 마음을 붙잡을 기준이 필요했다.

오늘의 시민, 반복되는 장면

오늘도 다르지 않다.

우리는 제도보다 사람에게 상처받는다.

규정이 아니라 태도 때문에 좌절한다.

같은 법 앞에서도 결과는 다르다.

누군가는 보호받고, 누군가는 밀려난다.

우리는 말한다.

"사람이 문제다."

정약용은 더 깊이 들어간다.

왜 그 사람은 그렇게 행동했는가.

무엇이 그를 멈추게 할 수 있었는가.

개인을 비난하는 것이 아니다.

구조 안에서 개인을 다시 세우는 질문이다.

책임은 결국 나에게로

제도를 탓하면 책임은 위로 향한다.

마음을 물으면 책임은 나에게 온다.

불편하다. 그러나 정약용은 피하지 않았다.

유배지에서 그는 목격했다.

한 사람의 선택이 다른 사람의 하루를

어떻게 바꾸는지.

정치의 가장 작은 단위는 법이 아니다.

사람의 태도다.

행동 이전의 결심

정약용은 조용히 묻는다.

당신은 지금 어디에 서 있는가.

어떤 마음으로 그 자리에 있는가.

손에 쥔 작은 권한 앞에서

당신은 무엇을 선택하는가.

혁명이 아니다. 거창한 행동도 아니다.

다만 묻기를 요청한다.

지금 이 선택은 편리한가, 바른가.

유배는 패배가 아니었다. 전환이었다.

제도에서 사람으로. 사람에서 마음으로.

그 사유가 있었기에

정약용은 오늘까지 살아남았다.

이 책은 바로 그 지점에서, 오늘의 시민과 만난다.

제4장

현장에서
완성되는 정치

| 작은 권한이 세상을 바꾸는 순간들 |

정치가 가장 먼저 모습을 드러내는 자리

정약용에게 정치는 멀리 있지 않았다.

그것은 궁궐 안이 아니라,

사람이 사람을 처음 마주하는 자리에서

시작되었다.

백성에게 국가는 추상적인 이름이 아니다.

국가는 창구 너머에 앉아 있는 한 사람의 얼굴이고,

국가는 민원을 처리하는 한 번의 판단이며,
국가는 "어렵습니다"라는 말 뒤에
남겨진 침묵이다.
정약용은 이 사실을 너무 잘 알고 있었다.
그래서 그는 정치의 핵심을 언제나 현장에 두었다.

『목민심서』가 태어난 자리

『목민심서』는 이상적인 관료를 상정하지 않는다.
정약용은 사람을 믿지 않는다.
대신 사람을 전제로 삼는다.
그는 알고 있었다.
현장의 권한은
늘 유혹과 함께 주어진다는 사실을.
조금만 눈을 감으면 일이 줄어들고,
조금만 미루면 책임이 사라진다는 사실을.
그래서 그는 목민관에게 묻는다.
"당신이 편해지는 선택과,
백성이 덜 아파지는 선택이 다를 때,
당신은 무엇을 고를 것인가."

첫 번째 사례 '규정은 맞지만, 결과는 틀릴 때'

오늘의 시민도 비슷한 장면을 겪는다.

서류 하나가 부족해 지원에서 탈락한 사람,

기한 하루를 넘겼다는 이유로

도움을 받지 못한 사람,

규정은 정확했지만, 설명은 없었던 창구 앞의 침묵.

정약용은 이런 상황을 상상 속에서가 아니라,

현실에서 수도 없이 보았다.

그는 말한다.

규정을 어기라는 것이 아니다.

다만 규정이 왜 존재하는지 잊지 말라고.

규정은 책임을 면하기 위해 존재하지 않는다.

규정은 판단을 돕기 위해 존재한다.

두 번째 사례 '작은 권한, 큰 파장'

정약용이 가장 경계한 것은
대규모 부패가 아니었다.
그가 두려워한 것은

작은 권한의 반복적인 남용이었다.

하루에 수십 번 누르는 결재 버튼,

무심코 던진 한마디,

"전례가 없습니다"라는 익숙한 문장.

그 하나하나는 작아 보인다.

그러나 그 선택이 쌓이면, 구조가 된다.

정약용은 말한다.

"백성을 울리는 것은 한 번의 큰 불의가 아니라,

매일 반복되는 작은 외면이다."

세 번째 사례 '책임을 끝까지 지는 사람'

정약용이 이상적으로 그린 목민관은

완벽한 사람이 아니다.

그는 실수할 수 있고, 판단을 그르칠 수도 있다.

그러나 단 하나, 반드시 지켜야 할 것이 있다.

결정의 결과 앞에 끝까지 남아 있는 태도다.

오늘의 삶에서도 마찬가지다.

일이 잘되면 사라지고,

문제가 생기면 책임을 떠넘기는 구조 속에서

정약용은 정반대의 자세를 요구한다.

결정한 사람이 남아 있어야 한다.

설명할 사람이 있어야 한다.

사과할 사람이 있어야 한다.

그 자리에 남아 있는 것,

그것이 정치의 시작이라고 그는 보았다.

오늘의 시민, 오늘의 목민관

정약용의 목민관은 오늘의 시민과 멀지 않다.

우리는 모두 어떤 자리에서는

작은 권한을 쥔 사람이다.

부모로서, 직장인으로서, 관리자나 선배로서,

혹은 단순히 먼저 말을 할 수 있는

위치에 있는 사람으로서.

그 자리에서 우리는 선택한다.

넘길 것인가, 붙잡을 것인가.

설명할 것인가, 침묵할 것인가.

정약용은 말한다.

정치는 직업이 아니라 태도라고.

실천이라는 이름의 기준

『목민심서』는 행동 지침서처럼 보이지만,

실은 기준의 책이다.

무엇을 하라는 책이 아니라,

어떤 마음으로 선택해야 하는지를 묻는 책이다.

정약용은 독자에게 행동을 강요하지 않는다.

다만 하나를 요구한다.

"당신이 서 있는 이 자리에서,

당신만은 기준을 내려놓지 않겠다고

결심할 수 있는가."

정치가 다시 삶으로 돌아오는 순간

정약용은 정치가 제도 속에만 머물 때,

가장 먼저 약자가 밀려난다는 사실을 알고 있었다.

그래서 그는

정치가 다시 삶으로 돌아오기를 바랐다.

말이 아니라 태도로,

명령이 아니라 선택으로.

이 장의 끝에서, 질문은 독자에게로 넘어온다.

당신은 오늘, 어떤 작은 권한을 쥐고 있는가.

그리고 그 권한 앞에서,

당신은 어떤 사람으로 남고 싶은가.

제5장

백성을 다시 생각하다

| 약자의 시선에서 본 국가 |

국가는 누구에게 가장 먼저 다가오는가

정약용이 말한 국가는 웅장한 개념이 아니었다.

그에게 국가는 언제나 가장 먼저

울음을 터뜨리는 자리에서 모습을 드러냈다.

세금이 오를 때, 가장 먼저 흔들리는 집.

제도가 바뀔 때, 가장 먼저 길을 잃는 사람.

행정의 말 한마디에 하루의 생계가 무너지는 얼굴.

정약용은 국가를 위에서 정의하지 않았다.

그는 국가를 아래에서 측정했다.

가장 약한 사람이 견딜 수 있는가,

가장 말 없는 사람이 보호받고 있는가.

그 질문 앞에서 국가는 늘 시험대에 오른다.

'백성'이라는 단어의 무게

오늘날 '백성'이라는 말은 낡게 들린다.

그러나 정약용에게 이 단어는

결코 추상적이지 않았다.

백성은 통계가 아니고, 대상이 아니며,

관리의 객체도 아니었다.

그는 백성을 하루를 살아내는 사람으로 이해했다.

오늘 먹을 것을 걱정하고, 내일의 일을 불안해하며,

제도 앞에서 언제나 설명받는 쪽에 서 있는 사람.

정약용은 묻는다.

그들의 하루는 국가에 의해 조금이라도

가벼워지고 있는가.

아니면 국가라는 이름으로 더 무거워지고 있는가.

약자의 시선은 감정이 아니라 기준이다

정약용은 약자를 연민의 대상으로만 보지 않았다.

그는 약자의 시선을

국가를 평가하는 기준으로 삼았다.

강한 사람은 제도의 빈틈을 견딜 수 있다.

돈이 있고, 말이 있고, 연결된 사람이 있는 경우,

제도의 작은 불친절은 우회로로 해결된다.

그러나 약자는 다르다.

제도의 사소한 결함 하나가

곧바로 삶의 붕괴로 이어진다.

그래서 약자의 시선은

제도의 진짜 성능을 드러낸다.

정약용은 그 점을 정확히 보았다.

국가는 강한 사람에게 편리할수록,

약한 사람에게 더 가혹해질 수 있다는 사실을.

오늘의 사회, 반복되는 구조

오늘을 사는 시민에게 이 장면은 낯설지 않다.

제도는 공정하다고 말하지만,

그 제도를 이해하고 활용할 수 있는 사람은

늘 한정되어 있다.

정보에 접근할 수 있는 사람,

말을 조리 있게 할 수 있는 사람,

불이익 앞에서도 다시 시도할 여력이 있는 사람.

반대로, 설명을 요구하기 어려운 사람,

한 번의 실패가 치명적인 사람은

제도 앞에서 늘 침묵하게 된다.

정약용은 이 침묵을 위험하다고 보았다.

왜냐하면 침묵은 동의가 아니기 때문이다.

그것은 선택지가 없다는 신호다.

국가의 품격은 어디에서 드러나는가

정약용에게 국가의 품격은

선언에서 드러나지 않는다.

그것은 위기 속에서,

특히 힘없는 사람을 대하는 태도에서 드러난다.

절차가 늦어질 때,

예외를 검토해야 할 때, 규정과 현실이 충돌할 때.

이 순간에 국가는 선택한다.

편리함을 택할 것인가,

아니면 불편하더라도 사람을 택할 것인가.

정약용은 그 선택이 반복되어

국가의 얼굴이 만들어진다고 믿었다.

시민으로서의 나, 다시 돌아오는 질문

이 장의 질문은 다시 독자에게 돌아온다.

나는 지금 어떤 위치에 서 있는가.

나는 약자의 자리에 있는가,

아니면 판단하는 쪽에 있는가.

그리고 더 중요한 질문이 남는다.

내가 판단하는 자리에 있을 때,

나는 과연 약자의 시선을 한 번이라도

가져본 적이 있는가. 정약용은 말한다.

약자의 시선을 갖는다는 것은

그 자리에 서 보지 않았더라도,

그 무게를 상상하려는 노력을 멈추지 않는 것이다.

정치 이전의 태도

정약용이 백성을 말할 때,
그는 제도를 고치기 전에 태도를 먼저 묻는다.
나는 지금 설명하는 사람인가,
아니면 설명받는 사람의 얼굴을
상상하는 사람인가.
정치는 법으로 시작되지만,
국가는 태도로 유지된다.
이 태도가 무너질 때,
국가는 가장 먼저 약자를 놓친다.

백성을 다시 생각한다는 것

'백성을 다시 생각한다'는 말은
과거로 돌아가자는 뜻이 아니다.
그것은 오늘의 사회에서
누가 가장 불안한지를 묻는 일이며,
그 불안을 기준으로 제도를 다시 바라보는 일이다.
정약용은 이 질문을 끝까지 놓지 않았다.

그는 나라를 설계하면서도,

항상 가장 낮은 자리를 기준점으로 삼았다.

그 기준이 있었기에,

그의 사유는 시대를 넘어 오늘까지 도달한다.

이 장의 끝에서,

질문은 다시 우리 앞에 놓인다.

국가는 지금,

누구의 시선에서 만들어지고 있는가.

제6장

기준을 남긴 사람

| 정약용이 끝까지 붙들었던 한 문장 |

모든 것을 잃은 자리에서 남은 것

정약용의 삶은 순조롭지 않았다.

그는 개혁의 언어를 가졌으나,

시대는 그 언어를 받아들일 준비가 되어 있지 않았다.

권력의 중심에서 밀려났고,

오랜 유배를 견뎌야 했으며,

그의 글 대부분은 쓰인 순간에 읽히지 못했다.

그러나 그가 잃지 않은 것이 하나 있었다.

기준이었다.

직위가 사라져도, 영향력이 없어져도,

그는 무엇이 옳은지에 대한

질문만은 내려놓지 않았다.

그 질문이 있었기에, 그는 침묵 속에서도

계속해서 글을 쓸 수 있었다.

"이것이 옳은가"라는 문장

정약용이 끝까지 붙들었던 문장은 단순했다.

"이것이 옳은가."

그는 이 질문을 제도 앞에서 던졌고,

사람 앞에서 던졌으며,

무엇보다 자기 자신 앞에서 던졌다.

그에게 옳음은 시대가 정해 주는 것이 아니었다.

다수가 동의한다고 해서 옳아지는 것도 아니었다.

옳음은 언제나 기준과의 거리로 측정되었다.

그 기준은 추상적인 도덕이 아니라,

사람의 삶에 실제로 닿는가 하는 질문이었다.

기준은 타인을 판단하기 위한 것이 아니다

정약용에게 기준은

남을 단죄하기 위한 도구가 아니었다.

오히려 기준은 스스로를 불편하게 만드는 장치였다.

기준을 가진다는 것은

늘 자기 합리화를 의심하는 일이다.

"어쩔 수 없었다"는 말 앞에서

한 번 더 멈추는 일이다.

그래서 기준을 가진 사람은 늘 느리다.

결정을 미루고, 말을 아끼며,

스스로의 선택을 여러 번 되짚는다.

정약용은 그 느림을 두려워하지 않았다.

그는 빠른 성공보다,

늦더라도 무너지지 않는 기준을 택했다.

오늘을 사는 시민에게 남겨진 질문

오늘을 사는 시민에게 정약용은

멀리 있는 인물이 아니다.

그는 우리 각자가 매일 마주하는

선택의 순간에 서 있다.

편리함과 옳음이 갈릴 때,

침묵과 말하기가 갈릴 때,

넘어갈 것인가, 붙잡을 것인가를 고민할 때.

정약용은 말하지 않는다.

"이렇게 하라"고.

대신 묻는다.

"당신은 어떤 기준 위에 서 있는가."

이 질문은 사람을 괴롭힌다.

그러나 그 불편함이 사라질 때,

사회는 가장 빠르게 무너진다.

글쓰기는 행동의 다른 이름이었다

정약용에게 글쓰기는 기록이 아니었다.

그것은 행동의 다른 이름이었다.

그는 글로 제도를 세웠고,

글로 마음을 점검했으며,

글로 미래의 독자에게 말을 걸었다.

그가 책을 쓸 때 상상한 독자는

권력자가 아니라,

아직 태어나지 않은 다음 시대의 시민이었다.

그래서 그의 문장은 명령하지 않는다.

설득하지도 않는다.

다만 함께 생각하자고 손을 내민다.

기준은 물려줄 수 있는가

정약용은 기준을 물려주려 하지 않았다.

그는 기준이 강요될 수 없다는 사실을 알고 있었다.

대신 그는 질문을 남겼다.

질문은 각자의 삶 속에서

다시 기준으로 자라날 수 있기 때문이다.

이 책 역시 같은 자리에 서 있다.

답을 주기보다,

기준을 묻는 책으로 남고자 한다.

끝이 아니라 시작으로

이 장의 끝에서,

정약용은 더 이상 말하지 않는다.

대신 질문만 남는다.

지금 이 사회는

어떤 기준 위에서 작동하고 있는가.

그리고 더 중요한 질문이 있다.

나는 오늘,

어떤 기준을 내려놓지 않기로 결심할 수 있는가.

정약용은 세상을 바꾸지 못했을지 모른다.

그러나 그는 기준을 남겼다.

그 기준을 다시 붙잡는 순간,

역사는 다시 움직이기 시작한다.

질문은 남고, 선택은 시작된다.

정약용은 답을 남기지 않았다.

그는 기준을 강요하지도 않았다.

대신 질문을 남겼다.

이 질문은 불친절하다.

쉽게 외면할 수도 있고,

조용히 지나쳐 버릴 수도 있다.

그러나 한 번 마음에 남으면
좀처럼 사라지지 않는다.
이것이 옳은가.

지금 이 선택은 편리한가, 아니면 바른가.
내가 서 있는 이 자리는,
누군가에게 어떤 하루를 남기는가.
정약용은 세상을 단번에 바꾸지 못했다.
그러나 그는 기준을 남겼다.
그 기준은 시대를 넘어
오늘을 사는 시민의 마음속으로 다시 들어온다.
정치는 거대한 구호에서 시작되지 않는다.
그것은 아주 작은 자리에서,
아주 조용한 선택으로 시작된다.
설명할 것인가, 넘길 것인가.
남아 있을 것인가, 떠날 것인가.
불편해질 것인가, 모른 척할 것인가.

이 책을 덮는 순간,
당신의 삶이 갑자기 달라지지는 않을 것이다.
그러나 단 하나는 분명해질 수 있다.

오늘 하루,

어떤 기준만은 내려놓지 않겠다는 결심.

정약용이 남긴 것은

완성된 나라가 아니라,

다시 세울 수 있는 기준이었다.

그 기준을 다시 붙잡는 순간,

역사는 언제든 다시 움직일 수 있다.

이제 질문은 당신에게로 넘어간다.

당신은 오늘,

어떤 기준 위에 서기로 선택할 것인가.

| 기준을 세운 사람 |

정약용(丁若鏞, 1762~1836)

조선 후기의 사상가이자 행정가. 그러나 무엇보다 기준을 끝까지 놓지 않았던 한 시민이었다.

권력의 중심에서 제도를 설계했고, 권력의 바깥에서 인간을 다시 생각했다. 그는 이상적인 인간을 가정하지 않았고, 완전한 제도를 믿지도 않았다.

대신 묻고 또 물었다. 이 제도는 누구를 향하고 있는가. 이 판단의 결과 앞에서 누가 끝까지 남는가. 그리고 이것은 과연 옳은가.

『경세유표』와 『목민심서』는 그 질문에 대한 실천적 기록이다. 분노의 언어가 아닌 설계의 문장으로, 외침이 아닌 기준으로 시대에 응답했다.

정약용의 글은 빠른 답을 주지 않는다. 그러나 한 번 붙들면 쉽게 놓을 수 없는 질문을 남긴다. 그래 서 그의 문장은 오늘에도 유효하다.

| 정약용 자찬묘지명 주석 |

서두 : 자찬묘지명의 성격

余自爲墓誌銘

以存其實 而俟後世之論

나는 스스로 나의 묘지명을 쓴다.

사실을 남겨 두고, 그 평가는 후세에 맡기기 위함이다.

출생·가계 : 자신을 '명문'이 아닌 '사실'로 제시

姓丁 名若鏞

英祖壬午六月十六日生

于洌水之馬峴里

성은 정씨, 이름은 약용이다.

영조 임오년 6월 16일,

열수(한강) 가의 마현리에서 태어났다.

학문 태도 : '총명'보다 '성실'을 강조

少而嗜學

讀書必求其義

不以浮華爲事

어릴 때부터 배우기를 좋아했고,

책을 읽을 때에는 반드시 그 뜻을 구하려 했다.

겉만 번지르르한 학문을 좇지 않았다.

정조와의 관계 : 정치적 정점

上(正祖)知我

召而試之

與論經義 政制

정조 임금께서 나를 알아보시고 불러 시험하셨다.

경전의 뜻과 정치 제도를 함께 논하였다.

정조 사후 : 몰락의 전환점

及上遽崩

朝論一變

禍機隨作

임금이 갑자기 세상을 떠나자
조정의 논의는 하루아침에 바뀌었고,
재앙의 조짐이 뒤따랐다.

천주교 서술 : 가장 논쟁적인 대목

嘗涉西學

但取其明理

不以爲敎

일찍이 서학을 접한 적은 있으나,

그 이치를 밝히는 점만 취했을 뿐

종교로 삼지는 않았다.

유배와 저술 : 자기 정체성의 완성

居謫所

著書不輟

以待後用

유배지에 있으면서도

글쓰기를 멈추지 않았고,

후일 쓰이기를 기다렸다.

저술 목록의 의미

凡所著

皆爲經世濟民

내가 쓴 글은

모두 세상을 다스리고 백성을 구하기 위한 것이다.

가족에 대한 고백 : 인간 정약용

累及妻子

此余終身之恨

아내와 자식에게까지 화가 미쳤으니,

이는 내가 평생 안고 갈 한이다.

결론 : 후세를 향한 공개 기록

是非功過

聽諸後人

옳고 그름, 공과 과는

모두 후대의 판단에 맡긴다.

2.

조선의 홍어장수 문순득

3년의 모험을 하루에 털어내고,
이튿날 새벽 바다를 연 사람

1802년, 조선의
홍어 장수가 본 세상

| 바람이 운명을 싣고 왔다 |

운명의 시작

1801년 12월.

전라도 우이도의 스물다섯 청년, 문순득.

그에게 바다는 삶의 터전이었다.

동시에 공포의 대상이었다.

작은아버지와 홍어를 사러 나선 길.

누구도 알지 못했다.

그 평범한 뱃길이 지구 반 바퀴를 도는

3년 2개월의 대장정이 될 줄은.

낯선 세상에 떨어지다

태풍은 예고 없이 닥쳤다.

돛대는 부러졌고, 파도는 키를 삼켰다.

칠흑 같은 어둠 속의 표류.

열흘 넘게 떠돌다 눈을 떴을 때,

그곳은 조선이 아니었다.

말이 통하지 않는 땅, 유구(오키나와)였다.

그것은 시작에 불과했다.

고향으로 가려 탄 배는 반대편으로 흘러갔다.

여송(필리핀).

조선 사람 누구도 밟아보지 못한 미지의 세계.

홍어 냄새 배어있던 옷자락에

낯선 열대 과일 향이 스며들기 시작했다.

담쟁이처럼 넘다

그는 주저앉아 울지 않았다.

살아서 넘어가기를 택했다.

마치 넘을 수 없는 벽을 덮고,

기어코 넘어가는 담쟁이처럼.

조선의 사대부들이 책상머리에서

'화이론'을 논할 때.

홍어 장수 문순득은 온몸으로 부딪쳤다.

밥을 얻기 위해 유구의 말을 배웠다.

배를 타기 위해 여송의 말을 익혔다.

마카오 시장 바닥에서

끈을 꼬아 팔며 뱃삯을 마련했다.

200년 전의 질문

여기, 200년 전 바다를 건넌 담쟁이가 있다.

가장 낮은 곳에서 시작해

가장 넓은 세상을 본 사람.

그의 치열했던 1,156일의 기록은 묻는다.

거친 파도 앞에서 국민은 무엇으로 사는가.

그리고 국민이 바라는 국가는

과연 어떤 모습이어야 하는가.

제1장

생존의 언어

공자孔子는 밥을 주지 않는다

1802년 1월, 유구의 낯선 해변.

문순득의 귓가에 파도 소리와 섞인 웅성거림이

들려왔다.

조선의 말이 아니었다.

순간, 그는 뼈저리게 깨달았다.

자신이 알던 세계는 끝났다.

등짝에 붙을 듯한 허기 앞에서는
'화이론' 따위는 배부른 소리였다.
조선은 그들을 오랑캐라 불렀다.
하지만 그 낯선 오랑캐들은 칼 대신 물을 건넸다.
그들이 내민 고구마죽 한 그릇.
문순득이 난생처음 맛본 '이념 없는 밥'이었다.

죽을 넘기며 그는 결심했다.
'살아야겠다. 입 다물고 주는 밥만 먹어서는 안된다.
저들의 말을 알아들어야 한다.'
그에게 언어는 교양이 아니었다.
밥이었고, 생명줄이었으며, 고향으로 가는 지도였다.

첫 번째 벽을 넘다 "밥"

"밥."
가장 먼저 배워야 했던 말은 숭고한 진리가 아니었다.
배고픔, 물, 고마움.
가장 원초적인 단어들이 서툴게 튀어 나갔다.
유구 사람들은 웃으며 고개를 끄덕였다.

비웃음이 아니었다.

'너도 사람이구나' 하는 안도의 미소였다.

마음의 벽을 허물자 말이 들어왔다.

단순한 단어가 아니었다. 마음을 여는 법을 배웠다.

말이 통하자 그들은 쌀과 돈을 주었고,

중국행 배편을 주선했다.

이념의 벽을 쌓았다면 굶어 죽었을 것이다.

하지만 그는 밥을 나누고 말을 섞었다.

담쟁이가 벽을 타듯, 언어를 타고 국경을 넘었다.

여송 Luzon, 더 거대한 절망 앞에서

겨우 귀국선에 올랐으나 풍랑은

다시 그를 날려 보냈다.

남쪽 끝, 여송(필리핀)이었다.

코가 크고 눈이 파란 서양인들.

높이 솟은 십자가.

일행은 공포에 질려

"귀신들의 나라"라며 앓아누웠다.

하지만 문순득은 일어섰다.

시장 한복판에 쪼그리고 앉아 끈을 꼬아 팔았다.

손짓발짓 흥정.

"이거 튼튼하다. 싸게 준다."

여송어를 하나씩 주워섬겼다.

"양반은 곁불을 쬐지 않는다"는 자존심은 버렸다.

살아서 어머니와 아내를 만나는 것.

그것이 그에게는 '진짜 자존심'이었다.

붓 대신 온몸으로 쓴 사전

훗날 정약전의 『표해시말』 말미에 실린 단어장.

해(Sun): 아로.

달(Moon): 보완.

밥(Rice): 카인.

단순한 번역기가 아니었다.

문순득이 세상과 화해한 증거였다.

200년이 지난 지금,

우리는 문순득보다 지혜로운가.

이념의 언어들이 칼날처럼 부딪친다.

문순득은 말한다.

"겁먹지 마라.

다가가서 말을 걸어라.

말이 통하면 마음이 통한다."

홍어 냄새 나는 거친 손이 건네는 조언.

그것이 오늘 우리가 잃어버린 '생존의 언어'다.

제2장

열린 눈

| 다름은 틀린 것이 아니다 |

두려움이라는 색안경을 벗다

1803년, 여송 마닐라 항구.

총천연색의 충격이었다.

조선 사대부에게 그들은 '양귀'였고,

문물은 기괴한 기교였다.

국경 밖은 모두 '오랑캐'라는 거대한 편견의 벽.

다행히 문순득에겐 그 안경이 없었다.

그는 상인이었고, 뱃사람이었다.

중요한 건 도리가 아니라 '쓸모'였다.

그는 호기심을 택했다.

'다름'을 '틀림'으로 단정 짓지 않는 개방성.

그것이 그의 최고 무기였다.

천주당의 종소리, 금기를 넘다

가장 극적인 장면.

그가 천주교 성당에 발을 들인 순간이다.

조선에서 십자가는 곧 죽음이었다.

하지만 문순득은 뾰족한 지붕 아래로 걸어 들어갔다.

"사람들이 무릎을 꿇고, 떡을 받아먹으며,

엄숙하게 고개를 숙였다."

그의 눈엔 사악한 종교가 없었다.

평온한 얼굴들이 있었다.

'조선의 제사나, 이들의 미사나.

마음은 매한가지 아닌가.'

그는 금기의 벽을 편견 없이 넘었다.

그가 본 것은 종교가 아니라 '사람'이었기에.

이양선異樣船을 해부하다

조선 조정은 서양 배를 보고 공포에 떨었으나,

문순득은 틈만 나면 부두로 나갔다.

"돛대는 몇 개인지, 밧줄은 어떻게 묶었는지."

그에게 서양 배는 침략 도구가 아니라

'선진 기술'이었다.

바람을 탓하지 않고 이용하는 기술.

파도를 넘는 건 낡은 자존심이 아니라,

튼튼한 배와 합리적 기술임을 그는 알았다.

'다르다'는 건 '틀리다'는 게 아니다.

그저 다를 뿐이다.

이 진리를 깨닫자 세상은 보물창고가 되었다.

열린 눈으로 다시 기준을 세우다

문순득의 '열린 눈'은 무조건 좋아하라는 뜻이 아니다.

나의 기준이 절대적이지 않음을 인정하는 겸손함이다.

담쟁이가 벽을 넘는 건,

벽을 지지대로 보았기 때문이다.

문순득이 바다를 건넌 건,

파도를 길로 보았기 때문이다.

이제 우리가 눈을 뜰 차례다.

다름을 틀림이라는 감옥에서 해방시킬 때,

우리는 우물 밖으로 나갈 수 있다.

흑산黑山, 붓이 춤추다

| 기록하는 자(정약전)와 기억하는 자(문순득)의 밤 |

1805년, 사리마을의 적막

흑산도 사리마을. 파도 소리가 섬을 삼킬 듯한 밤.

유배객 손암 정약전은 낡은 사랑방에 앉아 있었다.

"나으리, 그 귀신이 왔습니다요."

죽었다던 문순득이 살아서 돌아왔다.

3년 만이었다.

봇물 터진 말, 바빠진 손

정약전이 술을 따랐다.

문순득의 입에서 막혔던 둑이 터지듯

이야기가 쏟아졌다.

"나으리, 유구 사람들은 밥그릇을 들고 먹습디다."

"여송에는 닭싸움을 시키고

돈을 거는 난장이 있습디다."

정약전의 눈이 커졌다.

술잔이 비는 것도 잊었다.

공자 왈 맹자 왈 하던 책 속에는 없는 세상이었다.

"잠깐! 내 먹을 갈아야겠다."

정약전의 손이 떨렸다.

이것은 잡담이 아니다.

조선이 모르는 진짜 세계다.

밤을 태운 두 남자

방 안의 공기가 뜨거워졌다.

한 명은 말하고, 한 명은 적었다.

"여송 말로 '해'가 무엇이라 하더냐?"

"아로(Araw)라 합니다."

문순득이 손짓발짓을 하며

서양 배의 돛 모양을 흉내 냈다.

정약전은 고개를 끄덕이며 붓으로 그 배를 그렸다.

유배객의 좁은 방이 거대한 태평양으로 변했다.

우물 밖을 본 개구리들의 건배

새벽녘, 바닥에는 글씨가 빼곡한 종이가

수북이 쌓였다.

훗날『표해시말』이 될 원고들이었다.

정약전이 붓을 놓고 문순득을 바라보았다.

눈에는 신분의 귀천 대신 존경심만이 있었다.

"순득아. 나는 죄인이 되어 갇혔으나,

너는 날개를 달고 천하를 날았구나.

네가 본 세상이 내 스승이다."

그날 밤, 흑산도의 작은 방에서

조선의 지성은 비로소 우물을 벗어났다.

홍어 장수의 입을 빌려.

제3장

국가의 책임

| 국가는 국민을 끝까지 찾아야 한다 |

아무도 찾지 않았던 사람

문순득이 돌아왔을 때,

그를 맞이한 건 국가가 아니었다.

통곡하는 노모와 아내뿐이었다.

조선 조정은 그가 사라진 줄도, 돌아온 줄도 몰랐다.

그에게 국가는 '부재'였다.

"나라가 나를 버려도 나는 돌아왔다."

그의 귀환은 국가에 대한 서글픈 승리였다.

1809년, 제주 바다의 이방인들

진짜 감동은 돌아온 뒤에 시작된다.
4년 뒤, 제주 앞바다에 정체불명의 배가 표류해 왔다.
말이 통하지 않는 이방인들.
관리들은 그들을 '오랑캐'라 부르며 짐승 취급했다.
그때 누군가 문순득을 떠올렸다.

"나는 당신의 말을 안다"

문순득이 제주도로 급히 건너갔다.
관아 뜰에 웅크린 이방인들.
눈빛이 4년 전의 자신과 같았다.
두려움, 배고픔. 아무도 내 말을 들어주지 않는 절망.
문순득이 다가가 여송어로 물었다.
"마카노(Makan)? (밥은 먹었소?)"
순간, 웅크린 고개들이 번쩍 들렸다.

그들은 문순득을 붙잡고 통곡했다.
9년 만이었다. 사람 대접을 받은 것은.
문순득은 선언했다.
“당신은 혼자가 아니다. 내가 당신의 말을 안다.”

국민이 국가가 된 순간

문순득은 관료가 아니었다. 홍어 파는 백성이었다.
하지만 그 순간, 그는 국가 그 자체였다.
외교 시스템이 무력할 때 백성이 나섰다.
문순득 덕분에 그들은 고향으로 돌아갔다.
국가가 못한 일을, 상처 입은 국민 문순득이 해냈다.

국가는 국민의 ‘뒷배’가 되어야 한다

문순득 이야기가 해피엔딩인 이유.
남을 구했기 때문이다.
하지만 이제 영웅담에만 기댈 수는 없다.
국민이 바라는 나라는

슈퍼맨이 필요한 나라가 아니다.

감당 못 할 재난 앞에서 "국가가 끝까지 책임진다"며
손잡아주는 나라.

국가는 국민에게 말해야 한다.

"내가 당신의 가장 든든한 빽(Back)이다."

제4장

회귀와 희망

| 우리는 결국 다시 만난다 |

영웅은 없다, 가장家長이 있을 뿐

1805년 1월.

돌아온 문순득은 무엇을 했을까.

무용담을 늘어놓지 않았다.

구석에 박혀 있던 낡은 그물을 꺼내 기웠다.

황제도 못 본 세상을 봤지만,

당장 가족 끼니를 해결 못 하면 허상이었다.

비단옷 대신 다시 비린내 나는 무명옷을 입었다.
죽이려 했던 바다 위에, 다시 삶의 배를 띄울 용기.
그것이 그가 위대한 진짜 이유다.

회복 탄력성 '무너진 자리에서 피는 꽃'

문순득에게서 발견하는 가장 큰 유산은
'회복 탄력성'이다.
태풍에 찢기고 절망에 눌렸지만 부서지지 않았다.
오히려 더 단단해져 돌아왔다.

돈 버는 장사꾼을 넘어,
사람을 돕는 '마음의 부자'가 되었다.
폐허에 기둥을 세우고,
태풍 지난 밭에 씨를 뿌리는 힘.
그것이 조선 백성의 힘이었고,
오늘 우리 국민의 힘이다.

바다를 건넌 담쟁이들

문순득은 혼자가 아니었다.

유구 사람이 밥을 주지 않았다면,

여송 상인이 배를 태워주지 않았다면.

그는 돌아오지 못했다.

그는 바다라는 벽을 넘은 '담쟁이 잎 하나'였다.

돌아와 내민 손은, 여송인이라는

또 다른 잎사귀를 벽 너머로 이끌었다.

국민은 약하지 않다.

손을 잡으면 태풍도 못 떼어낼 담쟁이 숲이 된다.

강진, 두 세계가 만나다

| 책에 갇힌 학자(정약용)와 바다를 건넌 상인(문순득) |

1806년, 다산초당의 어느 날

강진 만덕산 자락.

유배객 정약용은 붓을 멈췄다.

사립문을 밀고 들어서는 사내.

행색은 남루했으나 눈빛은 형형했다.

비릿한 바다 냄새와 이국의 향신료 냄새.

"우이도에서 온 문순득이라 합니다.

형님(정약전)의 심부름으로 왔습니다."

방 안의 질문, 바다의 대답

정약용은 형님의 편지를 읽고 눈이 커졌다.

이 사내는, 단순한 상인이 아니었다.

정약용이 평생 책으로만 읽었던
'바깥세상'을 뚫고 온 증인이었다.
술상이 차려졌다.
"여송의 배는 정말 바람을 거슬러 가던가?"
"그러하옵니다.
돛을 지그재그로 펴니 역풍에도 나아갔습니다."
"화폐는 어떻게 쓰던가?"
"쌀 대신 은전을 씁니다."

정약용은 무릎을 쳤다.
자신이 『경세유표』를 쓰며 꿈꾸던 합리적 세상이,
저 바다 건너에 실재하고 있었다.
문순득은 더 이상 천한 상인이 아니었다.
'걸어 다니는 백과사전'이자, '살아있는 지도'였다.

붓이 고개를 숙이다

새벽녘, 정약용이 조용히 입을 열었다.
"자네는 글을 모른다 하였나?"
"예, 까막눈입니다."

"아니네. 자네는 글을 모르는 게 아니라,

붓을 들지 않았을 뿐이네.

나는 방 안에 앉아 천하를 논했으나,

자네는 목숨을 걸고 천하를 밟았네."

대학자 정약용의 시선이

문순득의 굳은살 박인 손에 머물렀다.

붓보다 무거운 노를 저어온 손.

그날, 강진의 다산초당에서는

책 속의 이론과 거친 현실이 만났다.

그리고 그 만남은,

조선의 실학을 한 뼘 더 넓은 세상으로 밀어 올렸다.

홍어 배의 돛을 올리며

| 희망은 일상 속에 닻을 내린다 |

다시, 우이도의 바닷가.

문순득이 출항 준비를 마쳤다.

이제 그는 안다.

저 너머에 무엇이 있는지.

세상이 얼마나 넓고 엄혹한지.

하지만 주저하지 않는다.

돌아와야 할 곳이 있고, 지켜야 할 사람이 있다.

돛을 올리는 투박한 손마디에 힘이 들어간다.

바람이 분다.

한때 죽음으로 내몰았던 바람.

이제는 삶으로 이끄는 순풍이다.

배가 멀어진다.

수평선 너머로 사라지는 작은 배.

단순히 고기 잡는 배가 아니다.

시련을 뚫고, 기어이 살아남아

내일로 가는 '대한민국'이라는 배다.

독자 여러분.

지금 당신 앞의 벽이 높은가.

파도가 거세어 숨쉬기 힘든가.

기억하라.

200년 전, 맨몸으로 파도를 넘은

선조 문순득이 있었다.

그 끈질긴 피가 당신 심장에 흐른다.

우리는 쓰러질 수 있다.

떠내려갈 수도 있다.

하지만 반드시, 기필코 다시 일어선다.

그리고 웃으며 다시 만난다.

희망은 멀리 있지 않다.

오늘 하루, 포기하지 않고 지켜낸

당신의 평범한 일상.

그 속에 이미 희망은 닻을 내리고 있다.

3.

담쟁이 대통령, 유정복

| 반드시, 우리는 숲이 된다 |

숲의 천이^{Succession}
나무의 시대에서
덩굴의 시대로

대한민국이라는 숲의 식생(Vegetation)을 관찰합니다.

지난 반세기, 이 숲의 우점종(Dominant Species)은 언

제나 거대한 '침엽수'들이었습니다.

[참고 생태학 일반 개념 '천이' 및 '우점종' 재해석]

곧게 뻗은 줄기, 단단한 껍질, 아래를 내려다보는 위엄. 그들은 '소나무'였고 '전나무'였습니다. 그들은 혼자서 하늘을 독점했고, 그늘을 만들어 아래쪽 식물들의 빛을 차단했습니다. 그것이 '성장'의 시대가 요구한 리더십이었습니다. [참고 생태학 '광경쟁' 개념 차용]

하지만 숲은 변합니다.
식물학에서는 이를 '천이(Succession)'라고 부릅니다. 거목들이 베어지고 땅이 갈라진 척박한 시대. 이제 숲은 수직으로 군림하는 나무가 아니라, 갈라진 틈을 수평으로 기어 다니며 상처를 꿰매는 식물을 요구합니다.
[참고 식물 생태학 '1차 천이' 개념의 사회적 적용]

가장 낮은 곳에서 시작해, 서로 얽히고설켜(Entang- lement) 마침내 거친 벽을 푸른 융단으로 덮어버리는 존재. 우리는 그들을 '담쟁이(Ivy)'라고 부릅니다.

이 책은 140년 전, 척박한 이 땅에 날아든 외래종 씨앗 하나가 어떻게 토착화되어, 마침내 대한민국이라는 거친 벽을 덮을 '최적의 덩굴(Climax Vine)'로 진화했는가에 대한 식물학적 보고서입니다.

제1장

언더우드, 파종 Sowing

| 척박한 황무지에 '부정근'을 내리다 |

"씨앗은 기다림의 캡슐이다. 그 안에는 미래의 숲이 잠들어 있다. 그러나 씨앗이 발아하기 위해서는 안전한 캡슐을 깨고 낯선 흙 속으로 자신의 살을 밀어 넣는 용기가 필요하다."

[출처 베론다 L. 몽고메리, 『식물의 방식』 중 '씨앗의 발아' 개념 인용]

조류에 의한 종자 산포 ^{Zoochory} 바다를 건너온 씨앗

1885년 4월 5일, 부활절 아침. 제물포항의 대기는 무겁고 축축했다. 며칠째 계속된 비로 바다는 잿빛이었고, 항구의 진흙바닥은 질척거렸다. 그 불안한 안개 사이로 작은 쪽배 하나가 미끄러지듯 들어왔다. 그 배 위에는 검은 코트를 입은 스물여섯 살의 청년, 호러스 그랜트 언더우드(Horace Grant Underwood)가 서 있었다.

[출처 언더우드 내한 관련 역사적 기록]

식물학적으로 볼 때, 거동할 수 없는 식물이 대양을 건너 종(Species)을 퍼뜨리는 방법은 극히 제한적이다. 바람에 날리거나(Wind), 물에 뜨거나(Water), 아니면 '조류에 의한 산포(Zoochory)'다. 새는 씨앗을 삼켜 먼 곳으로 이동한 뒤, 척박한 땅에 배설한다.

[참고 식물학 일반 이론 '종자 산포(Seed Dispersal)' 유형]

씨앗의 입장에서 그것은 자신의 의지가 아닌, '운명'이라는 거대한 날개에 실려가는 여정이다. 언더우드는 바로 그 씨앗이었다. 태평양이라는 거대한 물의 장벽을 넘어, 조선이라는 미지의 땅에 떨어진 외래종 씨앗.

그가 마주한 19세기 말의 조선은 식물이 자라기에 최악의 환경이었다. 가난과 질병이 토양을 산성화시켰고, 쇄국(鎖國)이라는 단단한 껍질이 외부의 빛을 차단하고 있었다. 뿌리를 내리기는커녕, 닿자마자 썩어버릴 것 같은 '강산성(Strong Acidic)'의 땅. 하지만 그는 돌아갈 배를 찾지 않았다. 대신 낡은 가방을 꽉 쥐고, 그 진흙탕 위로 첫발을 내디뎠다. '발아(Germination)'가 시작된 것이다. [참고 식물학 '발아 조건' 및 언더우드 선교사 전기]

부정근 Adventitious Roots 흙이 없으면 벽을 잡는다

서울에 들어온 언더우드의 눈에 비친 조선은 암담했다. 나무 한 그루 시원하게 자라지 못하는 황무지. 사람들의 눈빛에는 경계심과 두려움이 가득했다.

식물은 흙이 비옥하면 '주근(Main Root)'을 깊게 내린다. 하지만 흙이 얕거나 척박하면 줄기에서 직접 '부정근(Adventitious Roots, 공기 뿌리)'을 내어 바위나 벽에 달라붙는다. [참고 식물학 일반 용어 '부정근' 정의]

담쟁이가 바로 그렇다. 담쟁이는 흙을 탓하지 않는다.

지지대가 없으면 벽 자체를 지지대로 삼는다.

언더우드는 군림하는 소나무가 되기를 포기했다. 대신 그는 가장 낮은 곳으로 임했다. 고아들을 모아 먹이고 (고아원), 병든 자들의 고름을 닦았다(제중원). 그것은 정복자의 방식이 아니었다. 차가운 조선 사회의 벽 틈새로 파고들어, 서로를 단단하게 묶어주는 '생체 접착제'와 같은 사랑이었다. [참고 제중원 및 고아원 설립 역사 기록]

그해 여름, 그가 본국 선교 본부에 보낸 편지에는, 척박한 벽 앞에서 기근을 뻗어내는 담쟁이의 절박한 독백이 담겨 있다.

"주여! 지금은 아무것도 보이지 않습니다. 주님, 메마르고 가난한 땅, 나무 한 그루 시원하게 자라 오르지 못하고 있는 땅에 저희들을 옮겨와 심으셨습니다. (...) 지금은 우리가 서양 귀신, 양귀자(洋鬼子)라고 손가락질을 받고 있사오나, 저희들이 우리 영혼과 하나인 것을 깨닫고, 하늘나라의 한 백성, 한 자녀임을 알고 눈물로 기뻐할 날이 있음을 믿나이다."

[출처 호러스 G. 언더우드, 선교 본부로 보낸 기도문(1885) 인용]

이 기도는 종교적 신앙 고백을 넘어선다. 이것은 칠흑 같은 어둠 속(지하)에서도 굴광성(빛을 향하는 성질)을 잃지 않고, 중력을 거슬러 싹을 틔우려는 식물의 치열한 생존 신호였다. 그는 보이지 않는 미래(숲)를 믿었고, 그 믿음 하나로 차가운 벽돌을 움켜쥐었다.

[참고 식물학 '굴광성(Phototropism)' 개념 재해석]

신장 성장 Elongation 연세延世라는 이름의 덩굴

씨앗은 혼자 숲이 될 수 없다. 식물은 군락(Colony)을 이룰 때 비로소 태풍을 견딘다. 언더우드는 에비슨(Avison)이라는 또 다른 줄기와 손을 잡았다. 에비슨이 병원(세브란스)이라는 줄기를 뻗을 때, 언더우드는 학교(연희전문)라는 잎사귀를 피웠다. 서로가 서로의 지지대가 되어주는 완벽한 '공생(Symbiosis)'이었다.

[참고 연희전문학교 및 세브란스 병원 설립사]

1917년, 안산 자락의 숲. 붉은 벽돌과 화강암으로 지어진 연희전문학교의 본관(현 언더우드관)이 웅장한 모습을 드러냈다. 그리고 그 벽돌 아래, 누군가가 어린 담쟁이 묘목을 심었다. '연세(延世)'. '세상(世)으로 널리 뻗어(延) 나간다.' 이 이름은 우연이 아니다. 식물학에서 줄기가 빛을 향해 길게 뻗어 나가는 것을 '신장 성장(Elongation)'이라 한다. [참고 식물학 일반 용어 '신장 성장']

갇혀 있지 않고, 머물러 있지 않고, 끝없이 담장을 넘어 세상 밖으로 뻗어 나가겠다는 담쟁이의 본성이 학교의 이름에 새겨진 것이다.

시간이 흐르며 담쟁이는 붉은 벽돌을 덮었다. 그것은 단순한 조경이 아니었다. 그것은 언더우드가 심은 '사랑'과 '헌신'이라는 유전자가 건물의 혈관처럼 퍼져나가는 모습이었다. 차가운 지성의 벽돌을 감싸 안는 따뜻한 생명. 딱딱한 교리가 아니라 살아 숨 쉬는 실천. 언더우드는 그렇게 조선이라는 거대한 벽에 첫 번째 초록색 획을 그었다.

그가 심은 것은 나무 한 그루가 아니었다. 140년 뒤, 윤동주와 이한열, 그리고 유정복이라는 수많은 잎사귀들이 피어날 거대한 덩굴의 시작(Root)이었다.

제2장

윤동주, 황백화 Etiolation

| 빛이 없는 암흑기의 광합성 |

"식물에게 빛이 차단되면, 그들은 성장을 멈추는 대신 형태를 바꾼다. 줄기는 비정상적으로 길어지고 잎은 창백해진다. 이것을 '황백화 현상'이라 한다. 이것은 병이 아니다. 어둠 속에서 한 줄기 빛을 찾기 위해 자신의 모든 에너지를 소모하는, 생명을 건 최후의 도약이다."

[출처 베론다 L. 몽고메리, 『식물의 방식』 중 '황백화 현상' 개념 인용]

그늘 회피 _{Shade Avoidance} 핀슨 홀의 창백한 잎사귀

1941년 가을, 연희전문학교의 교정. 언더우드가 심었던 담쟁이는 이제 붉은 벽돌을 덮을 만큼 울창해져 있었다. 하지만 숲의 공기는 무거웠다. 일제강점기의 막바지, 제국주의의 군홧발은 숲으로 들어오는 모든 빛(Canopy)을 차단했다. 창씨개명이라는 칼날이 고유한 이름들을 베어냈고, 모국어는 질식당하고 있었다.

식물학적으로 빛이 없는 환경은 곧 죽음을 의미한다. 보통의 식물들은 이럴 때 성장을 멈추고 휴면에 들어간다(타협하거나 변절한다). 그러나 담쟁이는 다르다. 빛이 없으면 담쟁이는 '황백화(Etiolation)'를 시작한다. 잎을 만드는 에너지를 줄이고, 줄기를 가늘고 길게 뻗어 미세한 빛이라도 있는 곳을 향해 필사적으로 기어오른다. [참고 식물학 '그늘 회피 반응(Shade Avoidance Response)' 개념]

기숙사 핀슨 홀(Pinson Hall) 2층, 좁은 다락방 창가. 그곳에 창백한 얼굴의 청년 운동주가 앉아 있었다. 그는 시인이었다. 시대의 어둠 속에서, 그는 총이나 칼을 드는 대신 펜을 잡았다. 남들은 "이런 세상에 시가 무슨 소용이냐"고 비웃었지만, 식물학자의 눈으로 볼 때 그의 시(詩) 쓰기는 나약함이 아니었다. 그것은 칠흑 같은 어둠 속에서 '양심'이라는 한 줄기 빛을 찾기 위해, 자신의 영혼을 길게 늘어뜨리는 치열한 '신장 성장'이었다.

엽록소의 통증 부끄러움이라는 감각

식물은 고통을 느낄까? 과학자들은 식물이 물리적 자극이나 환경 변화를 아주 예민하게 감지(Sensing)한다고 말한다. 잎사귀가 바람에 흔들리는 것은 단순한 물리 현상이 아니라, 바람의 세기를 측정하여 줄기의 강도를 조절하는 생존 반응이다.

[출처 베론다 L 몽고메리, 『식물의 방식』 중 '식물의 감각' 참조]

운동주는 연희 숲에서 가장 예민한 잎사귀였다. 그의 시 전반에 흐르는 정서는 '부끄러움'이다. 조국의 현실은 처참한데, 자신은 편안히 학교에 다니며 시를 쓴다는 괴로움. 늙은 교수의 강의를 들으러 가는 자신이 한없이 작아 보인다는 고백. 하지만 베론다 몽고메리의 통찰에 따르면, 이 부끄러움은 살아있는 식물만이 가질 수 있는 '엽록소의 통증'이다. 죽은 나무는 바람이 불어도 괴로워하지 않는다. 오직 살아있는 잎사귀만이 바람에 흔들리며 아파한다.

"죽는 날까지 하늘을 우러러 한 점 부끄럼이 없기를, 잎새에 이는 바람에도 나는 괴로워했다."

[출처 윤동주, 시 <서시> 인용]

그는 괴로워함으로써 자신이 살아있음을 증명했다. 모두가 눈을 감고 귀를 막던 시대에, 그는 홀로 깨어 시대의 독성을 감지하고 아파했다. 그의 시는 어둠 속에서 희망을 합성하려는 눈물겨운 광합성이었다.

낙엽 Abscission 썩지 않는 거름이 되어

1945년 2월 16일 새벽 3시 36분. 일본 후쿠오카 형무소의 차가운 시멘트 바닥. 스물일곱의 청년은 정체 모를 주사를 맞으며 서서히 시들어갔다. 그는 마지막 순간, 알아들을 수 없는 비명 같은 외마디 소리를 지르고

숨을 거두었다고 전해진다. [출처 윤동주 평전 및 역사 기록]

가을이 되면 나무는 잎을 떨군다. 식물학 용어로 '탈리(Abscission)'라 한다. 잎이 떨어지는 것은 나무가 잎을 버리는 것이 아니다. 잎은 자신이 가진 질소와 인, 모든 영양분을 줄기와 뿌리로 되돌려 주고 난 뒤에야 비로소 가볍게 떨어진다. [참고 식물학 일반 용어 '탈리(Abscission)' 과정]

그리고 땅으로 돌아가 흙의 일부가 된다. 윤동주라는 잎사귀는 떨어졌다. 하지만 그의 죽음은 허무한 소멸이 아니었다.

"별 하나에 추억과 별 하나에 사랑과 별 하나에 쓸쓸함과 별 하나에 동경과 별 하나에 시와 별 하나에 어머니, 어머니…" [출처 윤동주, 시 <별 헤는 밤> 인용]

그가 남긴 이 맑은 시어들은 고스란히 연세의 숲, 그 붉은 흙 속으로 스며들었다. 그것은 썩지 않는 영혼의 거름(Compost)이 되었다. 그가 남긴 '저항'과 '순수'라는 양분은 땅속 깊이 저장되어 있다가, 40년 뒤 최루탄 연기가 자욱한 1987년의 교정에서 '이한열'이라는 뜨거운 불꽃으로 다시 싹을 틔우게 된다. 식물은 기억한다. 뿌리는 그 흙이 머금었던 잎사귀의 맛을 기억한다.

제3장

기형도와 이한열,
타감 작용^{Allelopathy}과 경보

| 안개 낀 도시와 최루탄의 벽을 넘다 |

"식물은 움직일 수 없기에 소리 지를 수 없다고 생각한다면 오산이다. 식물은 위험에 처했을 때 '휘발성 유기 화합물(VOCs)'이라는 화학 물질을 공기 중으로 뿜어낸다. 이것은 숲 전체에 보내는 비명이자, 이웃 식물들에게 방어 태세를 갖추라고 알리는 가장 강력한 경보(Alarm)다."

[출처 베론다 L 몽고메리, 『식물의 방식』 중 '식물의 경보 신호' 개념 인용]

지표식물 Indicator Plant 위험한 가계家系에 돋아난 잎

1980년대의 서울은 거대한 회색 화분과 같았다. 급격한 산업화의 굴뚝에서 뿜어 나오는 매연, 그리고 군사 독재의 서슬 퍼런 감시가 만들어낸 침묵. 도시는 언제나 뿌연 '안개' 속에 갇혀 있었다.

식물학에는 '지표식물(Indicator Plant)'이라는 개념이 있다. 특정 환경 조건(오염)에 민감하게 반응하여 그 숲이 얼마나 병들었는지를 온몸으로 보여주는 식물이다.

[참고 식물학 및 환경과학 용어 '지표식물']

이끼류가 아황산가스에 반응해 색을 바꾸듯, 1980년대 연세의 숲에는 시대의 독성을 온몸으로 흡수해 검게 변해버린 잎사귀 하나가 돋아났다. 시인 기형도였다.

그의 뿌리는 얼어붙은 땅에 박혀 있었다. 그는 윤동주처럼 별을 노래하기엔 너무 춥고 배가 고팠다. 그의 시 <위험한 가계·1969>는 햇빛 한 줌 들지 않는 음지에서, 두려움에 떨며 자라야 했던 어린 담쟁이의 생존 기록이다.

"그해 늦가을은 유독 보리밥 냄새가 역겨웠다 어머니는

겨울을 핑계로 밤에는 촛불을 켜지 않았다 (중략) 아랫
목에 모인 아홉 마리의 강아지야 강아지야, 하고 아버
지가 부르면 우리는 밥상머리에 앉은 채 꼬리를 흔들었
다 (...) 마루 밑에 헛기침이 드나들고 눈이 내리면 우리
는 눈꺼풀 아래 감추어둔 두려움을 서로의 밥그릇 위에
툭툭 떨어뜨렸다." [출처 기형도, 시 <위험한 가계·1969> 인용]

어머니는 촛불을 켜지 않았고, 아버지는 병들어 있었
으며, 아이들은 밥그릇 위에 두려움을 툭툭 떨어뜨렸
다. 이것은 단지 한 가정의 가난 이야기가 아니었다.
빛(자유)이 차단되고, 말(언론)이 통제된 1980년대
대한민국이라는 숲의 단면도였다. 그는 이 '위험한 가
계'의 흙바닥을 기어 다니며 도시의 하수구와 회색 벽
에 낀 물때를 관찰했다. 오염된 공기를 호흡하다가 엽
록소가 파괴되어버린, 병든 도시의 담쟁이가 뱉어낸
신음. 1989년 3월, 종로의 한 심야 극장에서 그가 스
물아홉의 나이로 쓸쓸히 숨을 거두었을 때, 사람들은
알았다. 이 숲이 얼마나 깊이 병들어 있었는지를. 그는
자신의 죽음으로 시대의 독성을 증명한 슬픈 지표식
물이었다.

뿌리의 비명 끊어진 줄기를 붙잡은 어머니의 손

기형도가 어두운 방 안에서 침묵의 두려움을 기록하고 있을 때, 숲의 바깥쪽에서는 거대한 줄기 하나가 꺾이고 있었다. 1987년 6월 9일, 연세대학교 정문 앞. 그날의 공기는 안개가 아니라 매캐한 '최루탄 가스(SY-44)'로 뒤덮여 있었다. 그 최전선에 한 줄기 덩굴이 서 있었다. 경영학과 2학년, 스물한 살의 이한열. "펑–" 하는 파열음과 함께 날아온 최루탄 쇳덩어리가 그의 뒷머리를 강타했다. 붉은 피가 터져 나와 아스팔트를 적셨다. [출처 1987년 6월 항쟁 역사 기록 및 이한열 기념사업회 자료]

식물학적으로 볼 때, 줄기가 꺾이는 순간 가장 큰 고통을 느끼는 것은 땅속에 박힌 '뿌리'다. 아들에게 최루탄이 박혔다는 소식을 듣고 광주에서 한달음에 달려온 어머니, 배은심. 중환자실에 누운 아들은 말이 없었다. 27일간의 사투. 어머니는 산소호흡기에 의지해 가늘게 떨리는 아들의 가슴을 보며, 자신의 숨을 떼어 나누어주고 싶었으리라. 식물의 뿌리가 마지막 남은 수액을 줄기 끝으로 밀어 올리 듯. 어머니는 아들의 손을 잡고 기도하고 또 기도했다.

그러나 7월 5일 새벽, 이한열이라는 푸른 잎사귀는 끝내 멈췄다. 어머니는 차갑게 식어가는 아들의 뺨을 비비며 오열했다. 그것은 언어가 아니었다. 땅속 깊은 곳에서 뿌리가 뽑혀 나갈 때 터져 나오는, 단장(斷腸, 창자가 끊어짐)의 비명이었다.

"한열아, 가자. 우리 광주로 가자... 내 새끼, 불쌍해서 어쩌까..." [출처 故 배은심 여사의 구술 및 당시 언론 보도 재구성]

자식을 앞세운 어머니의 울음소리. 식물학자들은 식물이 공격받을 때 '휘발성 유기 화합물(VOCs)'이라는 화학 신호를 뿜어낸다고 말한다. 이한열이 흘린 붉은 피와, 그의 어머니가 토해낸 피울음은 대한민국이라는 숲 전체를 깨우는 가장 강력한 '경보(Alarm)'였다.

[출처 베론다 L 몽고메리, 『식물의 방식』 중 '식물의 방어 기제' 인용]

그 슬픈 신호(Scent)는 연세의 담장을 넘어 시청 광장으로, 부산으로, 잎사귀 하나하나의 가슴속으로 파고들었다. 사람들은 보았다. 국가라는 거대한 힘이, 한 어머니의 가장 소중한 줄기를 얼마나 잔인하게 꺾어버렸는지. 어머니의 눈물은 메말라가던 시민들의 양심을 적시는 수액이 되었다. 넥타이를 맨 직장인들이 눈물을 훔치며 거리로 나왔고, 시장 상인들이 하던 일을 멈추고 주먹을 쥐었다.
"우리 이웃의 뿌리가 울고 있다!"

그것은 더 이상 이념의 투쟁이 아니었다. 자식을 잃은 어미의 슬픔을 위로하기 위해, 수백만 개의 잎사귀가 서로의 손을 잡고 거대한 태풍에 맞서는 '슬픈 군락(Colony)의 반격'이었다.

결국 그 벽을 넘는다

도종환 시인의 <담쟁이>는 바로 이 시기의 풍경을 정밀하게 묘사하고 있다.
"저것은 벽 어쩔 수 없는 벽이라고 우리가 느낄 때 그때 담쟁이는 말없이 그 벽을 오른다." [출처 도종환, 시 <담쟁이> 인용]

기형도는 '위험한 가계'의 가난 속에서 검은 잎이 되어 시대의 독을 삼키고 떠났다. 이한열은 최루탄 연기 속에서 붉은 꽃이 되어 어머니의 가슴에 묻혔다. 두 청춘의 죽음, 그리고 남겨진 어머니의 눈물은 연세 숲의 토양을 완전히 바꾸어 놓았다. 그 흙은 이제 더 이상 척박한 황무지가 아니었다. 피와 눈물, 그리고 '살아남은 자들의 부채감'이라는 거름이 뒤섞인 비옥하고도 아픈 땅.

그 비옥해진 토양 위에서, 이제 상처를 치유할 '한강'이라는 부드러운 잎사귀와, 자유의 바람에 춤추는 '박진영'이라는 역동적인 줄기가 자라날 준비를 마친 것이다.

제4장

한강, 유합 조직^{Callus}

| 찢어진 상처를 덮는 가장 부드러운 방식 |

“나무는 가지가 잘려 나갔을 때, 복수를 꿈꾸지 않는다. 대신 상처 부위에 ‘캘러스(Callus, 유합 조직)’라는 부드러운 세포 덩어리를 만들어낸다. 캘러스는 갈라진 틈을 메우고, 외부의 침입을 막으며, 조용히 새살을 돋게 한다. 그것은 식물이 고통에 대처하는 방식이자, 무너지는 자신을 지탱하는 침묵의 건축술이다.”

[출처 베론다 L. 몽고메리, 『식물의 방식』 중 '치유와 회복' 개념 인용]

식물성^{Vegetality} 육식을 거부하고 나무가 된 여자

1987년의 최루탄 연기가 걷히고 난 뒤, 1990년대의 숲은 외형적으로 평온해 보였다. 하지만 땅속의 뿌리들은 여전히 비명을 지르고 있었다. 광주의 피, 이한열의 죽음, 살아남은 자들의 죄책감. 폭력의 시대가 할퀴고 간 흉터는 너무나 깊었다.

이때, 연세의 숲 그늘진 곳에서 아주 조용하고 섬세한 잎사귀 하나가 돋아났다. 국문과 89학번, 작가 한강이었다. 그녀는 폭력적인 인간의 세상에 환멸을 느꼈다. 2007년, 그녀의 소설 <채식주의자> 속 주인공 영혜는 선언한다. "나, 이제 고기 안 먹어."

[출처 한강, 소설 『채식주의자』 인용]

그것은 단순한 식습관의 변화가 아니었다. 다른 생명을 죽여야만 내가 사는 '동물의 방식(약육강식)'에 대한 거부였다. 영혜는 물구나무를 서며 말한다. "내 다리에서 가지가 돋아나고 있어." 그녀는 인간이기를 포기하고, 오직 햇빛과 물만으로 살아가는 '자가 영양(Autotrophic)'의 존재, 즉 식물이 되기를 꿈꿨다. 식물은 남을 해치지 않는다. 식물은 140년 전 언더우드가 심었던 '평화'와, 윤동주가 지키려 했던 '무해(無害)한 순수'의 결정체다. 한강은 문학을 통해 숲의 가장 오래된 본능, '비폭력의 식물성'을 복원해냈다.

캘러스^{Callus} 소년이 온다. 작별하지 않는다

하지만 식물이 된다는 것은 현실을 외면하는 것이 아니다. 오히려 가장 아픈 곳을 덮어주는 것이다. 식물학에서 '캘러스(Callus)'는 식물이 상처 입은 부위를 덮기 위해 만들어내는, 아직 분화되지 않은 부드러운 세포 조직이다. [참고 식물학 용어 '캘러스(Callus)' 정의]

한강의 소설은 대한민국 현대사라는 거목에 난 깊은 도끼자국(광주 5.18, 제주 4.3)을 덮는 캘러스였다. 소설 <소년이 온다>. 그녀는 3장(이한열 편)에서 어머니 배은심 여사가 토해냈던 그 피울음의 근원지, 광주로 걸어 들어갔다. 총칼에 찢긴 소년들의 영혼을 문장 하나하나로 감쌌다. 그것은 고발이나 선동이 아니었다. 죽은 자들의 눈을 감겨주고, 산 자들의 덧난 상처에 습윤 밴드를 붙여주는 '습기(Moisture)의 문학'이었다.

"당신이 죽은 뒤 장례식을 치르지 못해, 내 삶이 장례식이 되었습니다." [출처 한강, 소설 『소년이 온다』 인용]

그녀는 담쟁이가 갈라진 벽 틈새를 꼼꼼히 메우듯, 역사의 갈라진 틈새를 자신의 몸(글)으로 메웠다. 그녀의 문장이 닿은 곳에서 딱지는 떨어지고 새살이 돋았다. 담쟁이는 벽을 부수지 않는다. 다만 벽이 무너지지 않도록, 그 상처 난 표면을 꽉 껴안아 지탱할 뿐이다.

침묵의 개화 Silent Blooming 노벨상이라는 꽃

2024년 10월, 스웨덴 한림원은 그녀에게 노벨문학상을 수여했다. 대한민국 전체가 환호하며 들썩였지만, 정작 꽃을 피운 당사자인 한강은 침묵했다. 기자회견도, 축하 잔치도 거절했다. "세계 곳곳에서 전쟁으로 사람들이 죽어가는데, 잔치를 벌일 수 없다."

[출처 한강 작가 노벨문학상 수상 관련 언론 보도]

식물은 꽃을 피울 때 소리를 내지 않는다. 가장 화려한 순간에 가장 고요하다. 그것이 식물의 위엄이다. 그녀의 침묵은 웅변보다 강했다. 그것은 3장에서 이한열과 기형도가 온몸으로 저항하며 지키려 했던 인간의 존엄, 그리고 어머니들의 눈물을 닦아주는 '치유의 완성'이었다.

한강이라는 부드러운 잎사귀 덕분에, 연세의 숲은 이제 '피 흘리는 투쟁의 숲'에서 '상처를 보듬는 치유의 숲'으로 진화(Succession)했다. 토양은 안정을 되찾았고, 뿌리는 깊어졌다. 이제 이 비옥하고 평화로운 땅 위에서, 억눌렸던 에너지를 폭발시킬 새로운 줄기가 필요하다. 엄숙함을 벗어던지고, 자유의 바람에 몸을 맡길 '박진영'이라는 춤추는 담쟁이가 등장할 차례다.

제5장

박진영,
굴광성^{Phototropism}과 제의^{Ritual}

| 새로운 리더를 부르는 숲의 춤 |

"식물은 고정되어 있지만, 춤추지 않는 것은 아니다. 바람이 불면 흔들리고, 빛이 비치면 몸을 비튼다. 고대 인류에게 춤은 신(神)을 부르는 몸짓이었다. 식물의 흔들림이 생존을 위한 호흡이듯, 인간의 춤은 굳어버린 땅을 깨워 새로운 생명을 부르는 가장 뜨거운 기도다."
[출처 베론다 L. 몽고메리, 『식물의 방식』 아이디어 변주]

옥신^{Auxin}의 재배치 "나를 떠나지 마"라는 절규

1990년대 초반, 연세의 숲은 민주화라는 거대한 폭풍이 지나간 후 고요했지만, 어딘가 경직되어 있었다. 사람들은 '엄숙함'이라는 두꺼운 껍질 속에 갇혀 서로 눈치만 보고 있었다. 이때, 근엄한 숲의 정적을 깨고 날카로운 비명 같은 노래가 터져 나왔다.
"그대여 나를 떠나지 마 / 나를 버려두지 마 이대로 영원히 있을 수 없나 / 그대여 나를 도와줘"
[출처 박진영, 곡 <날 떠나지 마> 가사 인용]

비닐 바지를 입고 엉덩이를 흔드는 그의 모습에 기성세대는 혀를 찼다. 하지만 식물학자의 눈으로 볼 때, 그 가사는 단순한 사랑 타령이 아니었다. 그것은 엄숙주의와 권위주의로 인해 단절된(Abscission) 사람들 사이를 다시 이어 달라는, '연결을 향한 덩굴손의 절규'였다.
고대로부터 모든 제의(Ritual)에는 춤이 있었다. 춤은 땅을 밟아 지신(地神)을 깨우고, 하늘을 향해 팔을 뻗어 비를 부르는 의식이었다. 박진영의 파격적인 춤은 경직된 한국 사회의 줄기에 유연한 '옥신(Auxin, 식물

생장 호르몬)'을 주입하는 현대판 제의였다.

[참고 식물학 '옥신(Auxin)'의 기능과 문화적 해석]

그가 춤을 출 때마다 딱딱하게 굳어 있던 숲의 관절이 풀리기 시작했다. 사람들은 비로소 어깨를 들썩이며, 옆 사람의 손을 잡고 '흥'이라는 수액을 나누기 시작했다.

무엇을 위해 살 것인가 진실을 향한 덩굴의 철학

그는 단순히 춤만 추는 '딴따라'가 아니었다. 그는 식물처럼 치열하게 본질을 탐구하는 구도자였다. 그의 에세이 <무엇을 위해 살 것인가>에는 그가 화려한 성공 뒤에서 얼마나 치열하게 '진짜'를 찾아 헤맸는지 기록되어 있다.

"나는 내 몸을 최고의 상태로 만들기 위해 기계처럼 관리했다. (중략) 하지만 텅 빈 마음은 채워지지 않았다. 나는 무엇을 위해 사는가? 진리란 무엇인가?"

[출처 박진영, 에세이 『무엇을 위해 살 것인가』 인용]

식물이 뿌리를 깊게 내리는 이유는 단 하나, 썩지 않는 '생명수'를 찾기 위해서다. 박진영은 유기농 식단을 고집하고 몸을 단련하며, 거짓된 가식이 아닌 '진실(Truth)'이라는 토양에 뿌리내리려 몸부림쳤다. 그가 추구한 '소울(Soul)'은 꾸며낸 기교가 아니었다. "공기 반, 소리 반"이라는 그의 유명한 지론처럼, 그것은 식물이 기공을 열어 대기와 호흡하듯, 영혼과 육체가 하나로 통합되는 '유기적(Organic) 생명력'의 회복이었다.

그가 심은 JYP라는 덩굴은 이 철학을 먹고 자랐다. god의 <촛불 하나>가 전한 위로, 원더걸스와 트와이스가 전한 긍정의 에너지는 전 세계인들에게 "당신은 소중한 존재"라는 식물적 치유의 메시지를 전했다. 이것은 문화가 가진 거대한 힘, 즉 국경이라는 벽을 소리 없이 넘어가 사람들의 마음을 덮어 버리는 '녹색의 위력'이었다.

Groove Back 담쟁이 대통령을 부르는 마중물

이제 숲은 울창해졌고, 토양은 한강 작가의 치유로 비옥해졌으며, 박진영의 춤으로 활력을 되찾았다. 2020년

대. 그는 다시 외쳤다. "Groove Back (리듬이 돌아왔다)."
"음악이 울리면 (Music is back) 다시 춤을 추지 (Dance is back) 너와 내가 그대로 (Play that beat)"
[출처 박진영, 곡 <Groove Back> 가사 인용]

너와 내가 그대로 다시 춤을 춘다는 것. 이것은 흩어졌던 잎사귀들이 다시 하나로 모이는 '군락(Colony)의 재결합'이다. 고대의 부족들이 새로운 지도자를 맞이하기 전, 밤새 춤을 추며 에너지를 하나로 모았듯이, 박진영이 쏘아 올린 K-Culture의 뜨거운 열기는 이제 '진짜 리더'를 부르는 거대한 마중물이 되었다.
숲은 알고 있다. 화려한 축제가 끝나고 나면, 들뜬 열기를 가라앉히고 묵묵히 새벽 이슬을 받아내며 숲 전체를 돌볼 '어른 식물'이 필요하다는 것을. 춤으로 굳은 땅을 풀어주었으니, 이제 그 부드러운 흙 위를 기어 다니며 갈라진 틈을 메우고, 지친 사람들을 안아줄 '정제된 리더십'이 등장할 차례다.

박진영이 자유의 춤으로 흔들어 깨운 이 대한민국이라는 숲. 그 흥겨운 제의의 끝자락에서, 우리는 숨을 죽이고 한 사람을 기다린다. 화려한 조명 대신 흙 묻은 작업

복을 입고, 춤추는 잎사귀들을 묵묵히 지탱해 줄 단단한 줄기를 가진 사람. 흥(興)이 훑고 지나간 자리에, 이제 덕(德)이 뿌리내릴 시간이다. 우리는 그를 담쟁이 대통령이라 부른다.

제6장

유정복,
표현형 가소성 Phenotypic Plasticity

| 140년의 DNA가 완성한, 벽을 정원으로 바꾸는 힘 |

"식물은 이동할 수 없다. 대신 그들은 놀라울 정도로 유연하다. 주어진 환경이 척박하면 뿌리를 더 깊게 내리고, 바람이 거세면 줄기를 낮춘다. 환경을 탓하지 않고 자신의 형태를 바꾸어 끝내 생존하는 능력, '표현형 가소성'이야말로 식물이 지구의 주인이 된 비결이다."

[출처 베론다 L 몽고메리, 『식물의 방식』 중 '표현형 가소성' 개념 인용]

야생의 땅, 껍질을 단단하게 만들다 (적응)

1995년 6월, 김포의 들판은 뜨거웠다. 박진영이 <날 떠나지 마>를 외치며 춤추던 그 시절, 서른여덟의 젊은 관료 유정복은 정반대의 길을 걷고 있었다. 그는 거대 정당의 공천장이라는 따뜻한 온실을 제발로 걸어 나왔다. 등 뒤에는 '무소속'이라는 차가운 꼬리표가 붙어 있었다. [출처 유정복 김포군수 선거 일화]

식물학적으로 볼 때, 온실에서 자란 식물은 큐티클 층(피부)이 얇아 야생에 나가면 금세 말라 죽는다. 반면, 거친 들판에 홀로 뿌려진 씨앗은 살기 위해 스스로 줄기를 굵게 만들고(Lignification, 목질화), 잎의 기공을 조절한다. [참고 식물학 용어 '목질화(Lignification)' 과정]

그는 넥타이를 풀고 논두렁을 걸었다. 흙먼지 이는 비포장도로를 달리며 농부의 투박한 손을 잡았고, 시장 상인의 젖은 손을 잡았다. 지지해 줄 거목(정당)이 없는 담쟁이는 땅바닥을 기어서라도 뿌리를 내려야 했다. 사람들은 수군거렸다. "저 젊은이가 저러다 말겠지." 하지만 그들은 몰랐다. 담쟁이는 땅을 기어가면서 줄기

마디마디마다 새로운 '부정근(Adventitious Roots)'을 내린다는 사실을. 그는 환경을 탓하지 않았다. 흙이 척박하면 뿌리를 더 깊게 내렸고, 바람이 불면 몸을 낮췄다. 야생의 시간은 그를 단련시켰다. 훗날 그 어떤 정치적 태풍이 불어도 그가 꺾이지 않는 이유는, 그의 줄기가 이미 쇠처럼 단단한 '목질 덩굴'이 되었기 때문이다.

살아있는 물관 Living Xylem 유도의 소와 장관의 눈물 (공감)

1997년 여름, 홍수가 휩쓸고 간 한강 하구. 비무장지대(DMZ) 안의 작은 무인도 '유도(留島)'에 소 한 마리가 고립되어 있었다. 북에서 왔는지 남에서 왔는지 알 수 없는, 뼈만 앙상한 생명. 행정의 언어는 차가웠다. "시장님, 저기는 지뢰밭입니다. 소 한 마리 때문에 위험을 감수할 수는 없습니다. 비효율적입니다."

[출처 유도 소 구출 작전 관련 언론 보도]

하지만 식물의 언어는 다르다. 식물은 뿌리 끝의 미세한 털 하나가 말라버려도, 잎사귀 끝까지 고통의 신호를 공유한다. 생명에는 '효율'이 없다. 오직 '연결'만이

있을 뿐이다. [출처 베론다 L. 몽고메리, 『식물의 방식』 중 '식물의 소통' 참조]

유정복은 행정가이기 이전에 생명을 돌보는 '정원사'의 마음으로 결단했다. "이 땅에 버려져도 되는 생명은 없다." 그는 군부대를 설득해 작전을 감행했다. 마침내 밧줄에 묶여 뭍으로 나온 소의 겁에 질린 눈망울을 보며, 사람들은 침묵했다. 그것은 단순한 구조가 아니었다. 숫자와 효율 뒤에 숨겨진 '생명의 무게'를 아는, 따뜻한 물관(Xylem)이 우리 사회에 연결되는 순간이었다.

시간이 흘러 2010년, 구제역 파동이 덮쳤을 때 농림부 장관이었던 그는 살처분 현장의 차가운 흙바닥 위에서 피눈물을 삼켰다. 김포시장 시절 소 한 마리를 살려냈던 그 손으로, 수백만 마리의 가축을 묻어야 했던 밤. 그 모순된 아픔 속에서 그는 뼈저리게 배웠다. 지도자의 자리는 높은 의자가 아니라, 찢어지는 잎사귀들의 비명을 온몸으로 받아내는 '가시방석'임을. 그의 가슴 속에는 그때 묻은 생명들의 무덤이 있다. 그 무덤이 있기에, 그는 국민의 안전 앞에서는 그 어떤 타협도 하지 않는 가장 단단한 줄기가 되었다.

[출처 유정복 농림부 장관 재임 시절 구제역 대응 기록]

지피 식물^{Ground Cover} 회색 빚더미를 녹색으로 (변혁)

2014년 인천시장 취임. 그가 마주한 것은 '부채 도시'라는 거대한 회색 콘크리트 벽이었다. 곳간은 비었고, 시민들의 자존심엔 금이 가 있었다. 보통의 정치인이라면 화려한 랜드마크를 지어 눈길을 돌리려 했을 것이다. 하지만 유정복은 '지피 식물(Ground Cover)'의 방식을 택했다.

지피 식물은 땅바닥을 덮어 흙의 유실을 막고, 뿌리혹 박테리아를 통해 토양에 질소를 공급한다. 보이지 않는 곳에서 땅의 체질을 바꾸는 일이다.

[참고 식물학 및 조경학 용어 '지피 식물']

그는 욕을 먹더라도 빚을 갚았다. 갈라진 틈새마다 자신의 뿌리를 박아 흙을 고정했다(재정 건전화). 그 묵묵한 4년의 덩굴질 끝에, 마침내 잿빛 도시에 푸른 혈색이 돌기 시작했다. 그는 증명했다. 진정한 리더십은 벽을 부수는 망치가 아니라, 벽을 덮어 생명을 불어넣는 이끼와 담쟁이의 끈기라는 것을.

클라이맥스 덩굴 이제 숲이 되자 (통합)

숲의 천이(Succession) 과정에서 마지막 단계에 나타나는 숲을 '극상림(Climax Forest)'이라 한다. 이곳에서는 나무와 덩굴, 이끼가 서로 얽혀 완벽한 공생을 이룬다. [참고 생태학 용어 '극상림(Climax Forest)']

유정복은 이제 혼자 자라지 않는다. 그는 140년 전 언더우드가 뿌린 '개척'의 씨앗이자, 윤동주가 '부끄러움'으로 지켜낸 양심이며, 이한열이 흘린 피가 키워낸 '민주'의 줄기이고, 한강이 어루만진 '치유'의 잎사귀이며, 박진영이 춤추게 만든 '자유'의 열매다. 이 모든 숲의 기억을 품은 그가, 지금 우리에게 손을 내민다. "저것은 넘을 수 없는 벽이라고 고개를 떨구고 있는 당신에게." [출처 도종환, 시 <담쟁이> 변주]

혼자서는 넘을 수 없다. 하지만 담쟁이 잎 하나가 수천 개의 잎을 이끌고 손을 잡으면, 그 벽은 더 이상 장애물이 아니다. 그것은 우리가 함께 기어올라가 꽃을 피울 거대한 캔버스가 된다.

녹색 융단 ^{Green Carpet}

| 마침내 그가 숲이 될 운명이다 |

책을 덮으며, 창밖을 본다. 어두운 밤, 거대한 벽이 우리 앞을 가로막고 있는 것처럼 보인다. 경제 위기라는 벽, 갈등이라는 벽, 소멸이라는 벽.

하지만 두려워하지 마라. 우리는 이미 140년 전부터 이 벽을 넘을 준비를 해왔다. 바다를 건너온 씨앗이 있었고, 어둠 속에서 빛을 만든 시인이 있었으며, 자신을 태워 숲을 깨운 불꽃이 있었고, 상처를 꿰맨 작가가 있었으며, 춤으로 땅을 다진 광대가 있었다.

그리고 이제, 그 모든 에너지를 줄기 하나에 모아 벽을 타고 오르는 '완성된 담쟁이'가 있다. 그는 서두르지 않는다. 그러나 멈추지도 않는다(Non-stop). 그는 가장 낮은 곳에서 시작했다. 그러나 결국 가장 높은 곳을 덮을 것이다(Top-cover).

[출처 식물의 '정단 분열 조직(Apical Meristem)' 성장 원리 차용]

이제 당신이 그 덩굴의 잎사귀가 되어주면 된다. 유정복이라는 줄기에 당신이라는 잎이 돋아나는 순간. 삭막했던 대한민국의 회색 벽은, 세상에서 가장 푸르고 아름다운 '수직의 정원'으로 바뀔 것이다.

보라. 저기 서쪽 항구에서부터 푸른 물결이 밀려오고 있다. 담쟁이 대통령. 그는 결국 그 벽을 넘는다. 푸르게 절망을 다 덮는다.

이것은 대한민국의 필연이다. 반드시, 우리는 숲이 된다.

| 번성하는 담쟁이들이 지켜야 할 5가지 원칙 |

이 책을 마무리하며, 유정복과 앞선 인물들(언더우드, 윤동주 등)이 보여준 삶의 태도를 바탕으로, 우리 사회의 모든 '담쟁이(독자)'들이 벽을 넘어 번성하기 위해 지켜야 할 원칙을 제안합니다.

| ❶ 적응의 원칙 (Adaptation) |

상황을 탓하며 시들지 마라. 벽이 나타나면 흡착근을 내고, 땅이 척박하면 뿌리를 깊게 내려라. 환경에 맞춰 나를 변화시키는 것이 생존의 첫걸음이다.

[출처 베론다 L 몽고메리, 『식물의 방식』 아이디어 참조]

| ❷ 연결의 원칙 (Connection) |

혼자 오르려 하지 마라. 옆에 있는 담쟁이 잎과 손을 잡을 때 우리는 벽을 덮을 수 있다. 나의 성장은 너의 지지 덕분임을 기억하라.

[출처 도종환, 시 <담쟁이> 주제 참조]

| ❸ 감수의 원칙 (Risk-Taking) |

위기 앞에서는 움츠러들지 말고 줄기를 뻗어라. 구제역의 현장이든, 낯선 선거판이든, 위험을 감수하고 뛰어들 때 비로소 새로운 빛을 만날 수 있다.

| ❹ 변화의 원칙 (Transformation) |

단순히 살아남는 것을 넘어, 내가 머무는 곳을 더 나은 곳으로 바꿔라. 삭막한 벽을 푸른 정원으로 바꾸는 것이 담쟁이의 사명이다.

| ❺ 계승의 원칙 (Succession) |

뒷사람을 위해 자리를 내어주어라. 먼저 간 담쟁이 잎이 떨어진 자리에서 새순이 돋는다. 나의 성취가 다음 세대의 거름이 되게 하라. [참고 생태학 '천이' 및 '영양 순환' 개념]

"결국 담쟁이는 말한다. 서두르지 않고, 그러나 쉬지도 않고, 다 함께 손을 잡고 나아간다면 넘지 못할 벽은 없다고." [출처 도종환, 시 <담쟁이> 주제 재해석]

4.

정약용의 꿈, 유정복의 미래

| 인천이 대한민국이다 |

기준 基準 을 묻다

| 1812년의 촛불, 2026년의 등대 |

(1812년 겨울, 강진 다산초당)

다산초당의 문풍지가 덜컹거렸다. 강진만에서 불어온 삭풍이었다. 방 안에는 두 사내가 마주 앉아 있었다.

한 사람은 11년째 유배 생활로 피골이 상접한 선비, 다산 정약용.

다른 한 사람은 뱃사람 특유의 검붉은 얼굴에 홍어 비린내가 배어 있는 장사꾼, 문순득이었다.

탁.

문순득이 투박한 손으로 무언가를 탁자 위에 올려놓았다. 촛불이 일렁였다.

동전이었다. 조선의 상평통보가 아니었다. 낯선 문양이 새겨진 은빛 금속.

"이것이 무엇인가?"

"여송(呂宋·필리핀)의 은전(銀錢)입니다, 나으리."

"여송… 그 먼 바다 건너의 돈이 어찌 자네 주머니에 있는가."

문순득이 껄껄 웃었다.

"나으리, 바다는 벽이 아닙니다. 길입니다. 제가 표류하며 가본 세상에서는 이 은전 하나면 말이 통하지 않아도 쌀을 사고 홍어를 팝니다. 세상은 서로 연결되어 돌고 도는데, 오직 우리 조선만 문을 걸어 잠그고 있습니다."

다산은 떨리는 손으로 은전을 집어 들었다. 차가웠다. 그러나 그 작은 금속 안에서 그는 거대한 불길을 보았다.

'우리가 세운 기준은 너무나 좁구나.'

다산은 붓을 들었다. 좁은 조선의 뜰을 부수고, 바다 밖

넓은 세상의 기준을 가져오겠다는 선언, <경세유표>의 한 구절은 그렇게 시작되었다.

(2026년 새벽, 인천 시장실)

유정복은 창밖을 보고 있었다. 인천대교의 불빛이 검은 바다를 가르며 뻗어 나가고 있었다.

그의 책상 위에는 오래된 책 한 권이 놓여 있다. 정약용의 <경세유표>. 그리고 그 옆에는 '글로벌 Top10 도시'의 조감도가 빛나고 있다.

유정복은 혼잣말처럼 중얼거렸다.

"정약용 선생님은 기준을 세우셨고, 문순득 선생은 그 기준을 바다 밖으로 넓히셨습니다."

그는 천천히 고개를 돌려 벽에 걸린 인천 지도를 보았다. 지도 속 인천항은 1812년 문순득이 떠났던 흑산도의 바다와 연결되어 있었다.

"이제는 제가 짓겠습니다."

유정복의 손이 지도 위의 인천항을 짚었다.

"두 분이 꿈꾸었으나 만들지 못했던 그 나라. 돈이 돌고, 사람이 모이고, 세계의 기준이 되는 도시.

제가 21세기 인천 땅에 그 꿈을 완성하겠습니다."

새벽 4시.

1762년의 설계와 1801년의 모험이, 2026년 유정복의 손끝에서 비로소 하나의 '기준'으로 만나는 순간이었다.

6월 16일, 역사의 대답

│ 200년을 건너온 평행선 │

역사는 가끔 우연을 가장하여 필연을 말한다.

1762년 음력 6월 16일, 다산 정약용이 태어났다.

1957년 양력 6월 16일, 유정복이 태어났다.

200년의 시차. 그러나 태양의 고도는 같았다. 6월의 뙤

약볕, 농부의 등에서 소금꽃이 피는 노동의 계절. 이 계절에 태어난다는 것은, 흙바닥에 무릎을 꿇고 땀 흘려 무언가를 심고 길러야 할 숙명(宿命)을 타고난 것이다.

다산은 시대를 앞서간 천재였으나, 시대는 그를 품지 못했다. 그는 유배지 강진의 흙방에서 <목민심서>를 썼다. 절망 속에서 미래로 타전하는 국가 개조의 설계도였다. 그러나 시공(施工)할 목수가 없었다. 설계도는 200년 동안 책장 속에 갇혀 있었다.

그리고 유정복이 왔다. 그는 다산이 갇혔던 서재 밖의 세상, 21세기의 거친 현장에 서 있다.

인천의 빚더미 3조 7천억 원 앞에서 그는 도망치지 않았다. "백성이 굶주리면 나라는 없다"던 다산의 문장을, 유정복은 "재정이 파탄 나면 도시는 죽는다"는 현실로 읽어냈다. 그는 혀를 깨물고 빚을 갚았다.
생일이 같다는 것은 짊어진 십자가의 무게가 같다는 뜻이다. 정약용은 설계했고, 유정복은 짓는다.
이제, 그 오래된 미래의 문을 연다.

제1장

연세의 숲, 담쟁이의 꿈

| 절망의 벽은 부수는 것이 아니라, 덮고 넘어가는 것이다 |

신촌의 붉은 벽돌

서울 신촌, 연세대학교 교정은 숲이다. 이 숲의 주인은 거목이 아니라 담쟁이다.

연희관의 붉은 벽돌을 보라. 담쟁이 잎사귀들은 서로의 어깨를 겯으로써 벽을 덮는다. 담쟁이는 망치를 들고 벽을 부수려 하지 않는다. 벽을 있는 그대로 인정하고, 그 차가운 돌 표면을 움켜쥐고 한 뼘씩 오른다.

앞서가는 잎은 끌어주고, 뒤따르는 잎은 밀어준다. 마침내 그 삭막한 절벽을 푸른 숲으로 바꿔버린다. 이것이 '연세(延世)의 정신'이다. 청년 유정복이 배운 리더십의 원형이다.

교훈校訓으로 읽는 청와대의 역사

대한민국 대통령의 역사는 그들이 다녔던 학교의 교훈과 닮아 있다. 시대가 그 학교의 정신을 불렀기 때문이다.

건국 초기, 이승만(미국), 윤보선(영국), 최규하(일본 동경교육대) 대통령은 당대 최고의 해외 유학파 엘리트로서 나라의 기틀을 잡았다.

산업화 시대는 육군사관학교를 불렀다. 박정희, 전두환, 노태우. 그들은 '충성'이라는 교훈 아래 군인의 규율로 고속도로를 깔았다.

민주화 이후, 서울대학교의 김영삼과 윤석열은 '진리(법치)'를 내세웠으나, 그 차가운 이성은 때로 국민의 마음을 얻지 못했다. 특히 윤석열 전 대통령은 비상계엄 파동으로 파면되는 비극을 낳았다.

고려대의 이명박은 돌파력을, 서강대의 박근혜는 원칙을,

경희대의 문재인은 문화를 말했다. 그리고 지금 중앙대의 이재명 대통령 시대는 '참(眞)에 살자'는 교훈처럼 치열한 생존과 투쟁 끝에 열렸다.

보라. 우리는 모든 유형의 리더십을 겪었다. 그러나 지금 대한민국은 갈기갈기 찢겨 있다.

지금 필요한 것은 상대를 찌르는 칼이 아니다. 상처를 감싸는 붕대다.

그래서 지금, 아직 비어있는 한 자리, 연세대학교가 호출된다.

'진리가 너희를 자유케 하리라.'

싸우지 않고 이기는 법, 벽을 덮어 숲을 만드는 담쟁이의 지혜. 유정복이 가려는 길은 바로 그 연세의 빈자리를 채우고, 상처 입은 대한민국을 하나로 치유하는 길이다.

언더우드의 기도, 윤동주의 별

이 숲의 씨앗은 언더우드(Horace G. Underwood)가 뿌렸다. 그는 파란 눈의 이방인이었다. 조선이라는 땅은 절망의 벽이었다. 가난과 질병, 무지가 거대한 성벽처럼 앞을 가로막았다. 언더우드는 도망치지 않았다. 그는 기도했다. 학교를 세우고 병원을 지었다. 그는 기도로 벽을 넘었다. 그 숲에서 윤동주(尹東柱)가 걸어 나왔다. 식민지의 암흑 속에서, 총을 들 수 없었던 청년은 시(詩)를 썼다. "죽는 날까지 하늘을 우러러 한 점 부끄럼이 없기를…" 그는 부끄러움을 아는 선비였고, 별을 노래하는 시인이었다. 윤동주는 양심으로 시대의 벽을 넘었다. 진리가 너희를 자유케 하리라. 연세의 교훈은 권력에 굴종하지 않는 자유혼(自由魂)이자, 어둠 속에서도 길을 잃지 않는 진리의 나침반이다.

유정복, 세 번째 담쟁이

유정복은 그 숲에서 자랐다. 그는 배천 유씨, 송나라 선비의 후예다. 그러나 그의 정신적 국적은 연세의 숲이다. 그는 언더우드 동상 앞에서 '개척'을 배웠고, 윤동주 시비(詩碑) 앞에서 '염치'를 배웠다. 그리고 담쟁이 덩굴 앞에서 '함께 넘는 법'을 배웠다. 그는 화려한 언변으로 대중을 현혹하는 스타가 아니다. 투사처럼 소리 지르지도 않는다. 유정복은 담쟁이처럼 조용하다.

그러나 강하다. 1995년, 김포에서 아무런 조직도 없이 25일 만에 선거의 벽을 넘을 때, 그는 혼자가 아니었다. 시민들의 손을 잡고 넘었다. 2014년, 3조 7천억 원이라는 부채의 절벽을 기어오를 때도 그는 요란법석을 떨지 않았다. 묵묵히, 한 뼘씩 올라갔다. 사람들은 묻는다. 유정복은 너무 부드러운 것 아니냐고. 모르는 소리다. 담쟁이 줄기를 잡아당겨 보라. 쇠줄처럼 질기다. 그 유연함 속에 강철 같은 심지가 들어있다. 부드러운 것이 강한 것을 이긴다. 이것이 도덕경의 가르침이자 유정복의 정치다.

숲을 이루는 시간

담쟁이는 서두르지 않으나 포기하지 않는다. 겨울이 오면 잎을 떨구고 앙상한 줄기로 버틴다. 죽은 것이 아니다. 뿌리를 단련하며 봄을 기다리는 것이다. 그리고 햇살이 비추면, 가장 먼저 메마른 벽을 타고 오른다. 유정복은 말한다. "저 벽을 보라. 저것은 절망이 아니다. 담쟁이에게는 저 벽이 곧 길이다." 올해 여름, 담쟁이는 다시 벽을 오를 준비를 마쳤다. 인천이라는 벽을 푸르게 덮고, 나아가 대한민국이라는 더 거대한 담장을 넘어설 것이다. 그것은 유정복 개인의 욕망이 아니다. 언더우드에서 시작되어 윤동주를 거쳐 내려온, 100년 묵은 담쟁이들의 오래된 꿈이다. 이제 우리가 그 꿈에 답할 차례다.

제2장
잇는 자와 찢는 자
| 정치는 접착제다 |

찢겨진 세상

오늘의 뉴스를 켠다. 온통 찢는 소리뿐이다. 여당은 야당을 찢고, 진보는 보수를 찢는다. 지방은 수도권을 질시하고, 수도권은 지방을 무시한다. 세대 간의 대화는 끊겼고, 남과 북의 도로는 폭파되었다. 대한민국은 지금 거대한 파열음 속에 있다. 정치인들은 이 찢어진 틈새에 기생한다. 틈을 더 벌려야 내 편이 결집하고 표가 되기 때문이다. 그들은 찢는 기술자들이다. 그들에게 국민은 통합의 대상이 아니라, 포획해야 할 먹잇감이다.

유정복의 반격 : 잇다

유정복은 반대편에 서 있다. 그는 자신의 책 제목을 <찢는 정치꾼 잇는 유정복>이라 달았다. 이것은 단순한 수사가 아니다. 그의 정치적 정체성이다. 그는 무엇을 잇는가. 첫째, 과거와 미래를 잇는다. 제물포의 낡은 부두는 과거다. 그러나 유정복은 그것을 부수지 않고 '제물포 르네상스'라는 미래로 잇는다. 둘째, 중앙과 지방을 잇는다. 그는 장관을 지냈고 국회의원을 지냈으며 시장을 지냈다. 중앙의 논리와 지방의 현실을 모두 안다. 셋째, 사람과 사람을 잇는다. 2004년 탄핵 역풍 당시, 시장바닥에서 찢겨진 명함을 주워 담았던 그 손. 그 손은 이제 시민의 상처를 어루만지고 봉합하는 손이 되었다.

접착제의 리더십

접착제는 화려하지 않다. 틈새에 들어가 보이지 않게 굳는다. 그러나 그 접착제가 없으면 그릇은 깨지고 건물은 무너진다. 유정복은 스스로 접착제가 되기를 자처

한다. 빛나지 않아도 좋다. 박수를 받지 않아도 좋다. 갈라진 대한민국이 하나로 붙을 수만 있다면, 기꺼이 그 틈새에 들어가 굳어버리겠다는 각오. 망치를 든 파괴자들의 시대는 갔다. 이제는 흙손을 든 미장이의 시대, 찢어진 곳을 꿰매는 의사의 시대다. 유정복의 '잇는 리더십'이 바로 21세기 다산(茶山)의 해법이다.

제3장

간석동 옥상의 태극기

붉은 황무지의 성채城砦

1970년대, 인천 간석동은 붉은 황토가 날리는 허허벌판이었다. 그 황량한 곳에 벽돌을 쌓아 올린 2층 양옥 한 채. 집주인은 유승택이다. 유정복의 아버지다. 그는 연백 사람이다. 38선이 그어지기 전, 그는 북쪽의 땅을 버리고 남으로 내려왔다. 빈손이었다. 실향민에게 국경선은 지도 위의 선이 아니라, 생살을 찢고 넘어온 상처였다. 아버지는 그 상처 위에 삶을 세웠다.

365일, 비 젖은 깃발

아버지는 집을 다 짓자마자 옥상으로 올라갔다. 국기 게양대를 박고 태극기를 걸었다. 비가 오나 눈이 오나, 태극기는 365일 그 집 지붕 위에 있었다. 바람이 불면 깃발이 소리 내어 울었다. 펄럭, 펄럭. 그 소리는 어린 유정복의 잠을 깨우는 알람이었고, 밥상머리의 훈육이었다. 유정복에게 국가관(國家觀)은 교과서의 활자로 배운 것이 아니다. 매일 아침 학교를 갈 때마다 올려다보았던 그 깃발. 장마철 빗물에 젖어 축 늘어지면서도 끝내 깃대를 놓지 않던 그 붉고 푸른 색채가 유정복의 망막에 문신처럼 새겨진 것이다. "나라가 있어야 집이 있다." 아버지 유승택은 옥상에 깃발을 꽂음으로써, 아들의 가슴에 영원히 지지 않는 국가를 심었다.

제4장

6년 터울의 사랑, 형제의 언덕

배천의 붓, 송나라의 피

유정복의 뿌리는 멀고 깊다. 그는 배천 유씨다. 시조 유전(劉荃)은 송나라의 병부상서를 지낸 대학자였다. 1,000년 전, 그는 붓 한 자루를 들고 바다를 건너 고려에 왔다. 유정복의 혈관에는 대륙의 호방한 기질과

반도의 은근한 끈기가 섞여 흐른다. 가문은 '묘금도 유(劉)' 자를 쓴다. 글자를 뜯어보면 기가 막히다. 토끼(卯)와 쇠(金)와 칼(刀)이 합쳐져 있다. 토끼처럼 부드럽고 민첩하되, 쇠처럼 단단하고, 때로는 칼처럼 결단해야 한다는 뜻이다.

6년의 봄날, 막내의 축복

7남매였다. 4남 3녀. 유정복은 여섯째였다. 셋째 아들이었다. 그러나 그는 오랫동안 집안의 꽃이었다. 그가 태어나고 무려 6년이 지나서야 진짜 막내 동생이 태어났다. 그 6년의 시간은 유정복에게 축복이었다. 그는 집안의 가장 어린아이로서 어머니 신순심의 품을 온전히 누렸다. 누나들은 그를 업어 키웠고, 형들은 그를 자전거 뒤에 태우고 다녔다.

사랑받은 기억이 있는 자는 세상을 긍정한다. 결핍이 없었기에 그는 구김살이 없었다. 치열한 정치판에서도 그가 사람을 미워하지 않는 그 '단단한 여유'는, 유년 시절 6년 동안 사랑을 독차지했던 그 봄날의 기억에서 나왔다.

둘째 형의 침묵

형제는 많았으나 우애는 하나였다. 둘째 형은 말 없는 산이었다. 그는 맨주먹으로 사업을 일궜다. 동생의 학비를 대고, 유학을 뒷바라지했다. 아버지 같은 형이었다. 동생 유정복이 공직의 길을 걷자, 형은 스스로를 가두었다. 오해를 사지 않기 위해 사업체를 멀리 옮겼다. 관급 공사 근처에는 얼씬도 하지 않았다. 형은 동생의 날개가 젖을까 봐 자신의 우산을 씌워주고 홀로 비를 맞았다. 정약용에게 흑산도로 유배 간 형 정약전이 있었다면, 유정복에게는 묵묵히 뒤로 물러서 준 든든한 형님이 있었다.

제5장

이랑과 고랑의 철학

| 어머니가 가르쳐준 흙의 이치 |

7남매의 밥상

어머니 신순심은 강인했다. 전후(戰後)의 삶은 예술보다 생존에 가까웠다. 어머니는 7남매를 먹이기 위해 억척스럽게 살림을 꾸렸다. 그녀의 손은 거칠었으나, 그 손이 빚어낸 밥상은 따뜻했다. 보리밥에 된장국뿐인 상이었으나, 자식들의 배를 곯리지 않았다.

밭의 노래

어머니는 유정복이 힘들어할 때마다, 혹은 너무 잘 나갈 때마다 '밭' 이야기를 했다. "정복아, 밭을 보라. 흙이 솟아오른 이랑이 있으면, 반드시 푹 꺼진 고랑이 있다." 이랑과 고랑. 그것은 농사의 법이자 인생의 법이었다. 이랑만 계속되는 밭은 없다. 고랑만 계속되는 밭도 없다. 올라갔으면 내려와야 하고, 내려갔으면 다시 올라가는 것이 흙의 이치다. 유정복의 회복탄력성(Resilience)은 책에서 배운 것이 아니다. 어머니 신순심이 7남매를 키우며 몸으로 보여준, 저 울퉁불퉁한 밭고랑의 지혜에서 온 것이다.

이름을 지우다, 김포장학회

유정복이 김포군수로 일하던 때였다. 어머니가 눈을 감으셨다. 수많은 조문객, 쌓인 부의금. 유정복은 어머니의 수도국산 시절을 떠올렸다. 전쟁 직후 빈손으로 인천에 떨어졌을 때, 쌀을 꾸어주고 연탄을 나눠주어 살려낸 그 가난한 이웃들. "돈은 잃어도 신용은 잃지 마라." 어머니의 유산은 신용이었다.

유정복은 결심했다. 부의금 전액을 내놓아 장학회를 설립했다. 주변에서 권했다. "어머니 함자를 따서 '신순심 장학회'라 하거나, 군수님 이름을 따서 만드시지요." 유정복은 고개를 저었다. 그는 자신의 이름도, 어머니의 이름도 지웠다. 대신 '김포장학회'라는 간판을 걸었다. 그것은 겸손이자 배려였다. 자신을 군수로 선택해 준 시민들에게 개인의 이름을 앞세우는 것은 도리가 아니었다. 받은 사랑은 반드시 사회로 되돌려야 한다는 신용. 어머니의 장례식 날, 유정복은 울었으나 그의 영혼은 웃고 있었다. 어머니의 사랑이 '이름 없는 장학회'가 되어 세상으로 흘러가기 시작했기 때문이다.

제6장

25일의 무모한 도박 1995년

| 안락한 의자를 걷어차고 광야로 |

보장된 미래, 거부된 안락

1995년 봄, 유정복은 인천 서구청장이었다. 관선(官選)이었다. 그의 나이 서른여덟. 행정고시 패스, 내무부의 엘리트 관료. 그 앞에는 탄탄대로가 깔려 있었다. 가만히 있으면 영전할 것이고, 납작 엎드리면 장관까지 갈 것이었다. 그것이 관료의 생리였다. 그때 김포 군민들이 찾아왔다. "우리 손으로 뽑는 첫 군수가 되어주

시오." 유정복은 인천 사람이다. 김포에는 연고가 없었다. 가진 것은 김포군수 시절 1년 동안 보여주었던 성실함뿐이었다. 설상가상으로 선거일은 고작 25일 남았다. 돈도 없었고 조직도 없었다. 정당의 공천도 없었다. 3무(無)의 선거였다. 주변의 모든 이가 말렸다. "미친 짓이다. 나가면 100% 떨어진다." 안정을 택하는 것은 본능이고, 모험을 택하는 것은 도박이었다.

사표를 던지다

유정복은 계산기를 두드리지 않았다. 계산이 빨랐다면 그는 서구청장실을 지켰을 것이다. 그는 사표를 썼다. 안락한 의자를 발로 걷어찼다. "나를 필요로 하는 곳이 내가 있어야 할 곳이다." 그는 짐을 싸서 광야로 나갔다. 남은 시간 25일. 신발 밑창이 닳도록 흙먼지 속을 굴렀다. 결과는 기적이었다. 전국 최연소 민선 군수 당선. 모두가 불가능하다고 했던 그 승리는, 유정복 안에 잠재되어 있던 '야성(野性)'을 깨웠다. 그는 온실 속의 화초가 아니었다. 흙바닥에서 더 강하게 뿌리내리는 잡초였다.

제7장

찢겨진 명함의 무게 2004년

│ 모멸을 삼켜라, 그것이 정치다 │

탄핵의 광풍

2004년 17대 총선. 탄핵 소추안 가결로 전 국민이 분노했다. 한나라당 점퍼를 입고 거리에 나가는 것 자체가 공포였다. 계란이 날아왔고 욕설이 쏟아졌다. 유정복은 피하지 않았다. 그는 김포 시장통 한복판에 섰다.

바닥에 흩어진 이름

그는 유권자에게 명함을 내밀었다. 한 중년 남자가 명함을 낚아챘다. 그리고 유정복의 면전에서 북북 찢어 버렸다. 종이 조각이 눈처럼 바닥에 흩어졌다. "어디서 명함을 내밀어! 썩 꺼져!" 침을 뱉고 돌아서는 등 뒤로 욕설이 비수처럼 꽂혔다. 얼굴이 화끈거렸다. 모멸감이 혈관을 타고 역류했다. 도망치고 싶었다. 인간 유정복의 본능이었다. 그러나 정치인 유정복은 달랐다. 그는 허리를 굽혔다. 시장 바닥에 쭈그리고 앉았다. 흙먼지 묻은 명함 조각을 하나하나 주웠다. 사람들이 밟고 지나간 자신의 이름 석 자를 가슴 주머니에 넣었다.

분노까지 안고 간다

그는 생각했다. '이 분노도 민심이다. 찢겨진 마음을 꿰매는 것이 내가 할 일이다.' 유정복은 화내지 않았다. 더 깊이 고개를 숙였다. 시민들은 그 모습을 보았다. 모욕을 견디고, 침 뱉는 자에게조차 다시 고개를 숙이는 그 독한 진정성을 보았다. 광풍 속에서도 유정복이 살아남은 이유는 하나였다. 그는 국민을 이기려 하지 않았다. 국민에게 짐을 지우지 않고, 국민의 분노까지 자신이 짊어졌다. 그날 가슴 주머니에 담은 찢겨진 명함은, 유정복이 받은 가장 아프고 가장 영광스러운 훈장이었다.

제8장

평창강平昌江의 예언

| 흰 발바닥에 새겨진 큰 대(大) |

차가운 물속의 기다림

김포시장 시절, 강원도 평창으로 수석 탐방을 갔다. 오대천 상류, 옛사람들이 평창강이라 부르던 곳이었다. 유정복은 강바닥 자갈밭을 걷다가 다리가 아파 주저앉았다. 눈앞에 흙탕물을 뒤집어쓴 돌멩이 하나가 보였다. 무심코 군화 발로 툭 건드렸다.

흰 눈길을 걷는 발자국

돌이 뒤집혔다. 물살에 씻긴 돌의 표면이 드러났다. 순간 유정복의 눈이 커졌다. 모양이 기이했다. 돌의 한가운데에 새하얀 문양이 박혀 있었다. 영락없는 사람의 발바닥이었다. 마치 아무도 밟지 않은 눈 쌓인 들판을 꾹 누르고 지나간 듯한, 선명한 오른발 형상의 백색(白色)이었다. 유정복은 돌을 집어 신발 밑창에 대보았다. 크기도, 모양도 쌍둥이처럼 딱 맞았다.

순백純白의 큰 대ㅅ, 나라를 받칠 발

그는 흐르는 강물에 돌을 씻었다. 그러자 선명한 흰색 발바닥 문양 안쪽, 앞꿈치 부분에 글자가 빛을 발하기 시작했다. '큰 대(大).' 검은 그림자가 아니었다. 마치 붓에 흰 물감을 듬뿍 찍어 힘주어 쓴 듯한 선명한 백색의 큰 대 자였다. 어둠을 밝히는 순백의 글자였다. 좌중이 탄복했다. "희다는 것은 깨끗함을 뜻하고, 발바닥에 큰 대(大) 자가 있으니 나라를 위해 크게 걸으라는 뜻입니다." 그날, 유정복은 그 돌을 품에 안고 돌아왔다. "깨끗한 눈길을 걸어라. 남들이 가지 않은 길을 밟고, 큰 세상으로 나아가라." 평창강의 물살 속에서 만난 그 순백의 문양은, 유정복에게 정치가가 가야 할 '크고 깨끗한 길(大道)'을 환하게 비추고 있었다.

제9장

팽목항의 침묵 2014년

| 벼슬을 떠나도 책임은 남는다 |

바다의 비극

2014년 4월 16일. 대한민국이 멈췄다. 세월호가 가라앉았다. 유정복은 직전까지 안전행정부 장관이었다. 장관직을 사임하고 인천시장 선거에 나선 지 불과 한 달여 만이었다. 법적으로 그는 민간인이었다.

책임의 사슬에서 벗어나 있었다. 선거 참모들은 말했다. "지금 팽목항에 가면 정치적으로 불리합니다. 표 떨어집니다."

죄인의 심정으로

유정복은 귀를 닫았다. 그는 선거 운동복을 벗었다. 검은 옷을 입고 진도로 내려갔다. 팽목항은 통곡의 바다였다. 그는 유가족 앞에서 고개를 들지 못했다. 죄인이었다. 벼슬은 떠났으나 도의적 부채감은 천근만근이었다. 그는 변명하지 않았다. 마이크를 잡지 않았고, 카메라 앞에 서지 않았다. 그저 팽목항의 찬 바닷바람을 맞으며 침묵했다. 그 침묵 속에서 유정복은 다짐했다. '다시는 이런 비극이 없게 하겠다.' 훗날 인천이 유엔(UN)으로부터 '국제안전도시'로 공인받고, 재난 안전 시스템을 완비하게 된 것은 우연이 아니다. 팽목항에서 유정복이 가슴에 새긴 그 뼈아픈 부채감이 만든 결과였다.

제10장

49발의 명중, 그리고 육군 학사장교 1기

| 붓만 잡은 선비는 나라를 지킬 수 없다 |

정조의 활, 다산의 팔

정조(正祖)는 문무(文武)를 겸비한 군주였다. 그는 활 50발 중 49발을 명중시켰다. 마지막 한 발은 허공에 쏘았다. 완벽함은 하늘의 몫이라는 겸손이었다. 그 자리에 정약용이 있었다. 정조는 유생들에게 활을 쥐어 주었다.

"선비도 활을 쏠 줄 알아야 한다."
천재 정약용도 그 순간만큼은 작아졌다. 붓을 잡으면 천하를 논했으나, 활을 잡은 팔은 떨렸다. 화살은 힘없이 땅에 박혔다. 그는 국방을 고민했으나, 직접 칼을 들고 적진을 뚫을 '야전(野戰)의 근육'은 갖지 못했다. 그것은 다산의 유일한 빈틈이었다.

유정복의 첫 번째 자부심

21세기, 유정복은 묻는다.
"당신의 인생에서 가장 잘한 일은 무엇인가."
그는 답한다.
"첫째, 군대를 다녀온 것이다. 둘째, 장교로 복무한 것이다. 셋째, 육군학사장교 1기로 가장 먼저 흙바닥을 구른 것이다."
그는 엘리트 관료이기 이전에 군인이었다. 학사장교 1기. 아무도 가지 않은 길이었다. 그는 최전방 철책선 앞에서 조국의 무게를 느꼈다. 펜대 굴리는 법보다 군화 끈 매는 법을 먼저 배웠다.

빈틈을 메우다

정약용에게는 '무(武)'가 없었다. 그래서 그의 개혁안은 탁상 위에서 맴돌 때가 많았다. 힘이 없는 정의는 무기력했다. 그러나 유정복에게는 있다. 그는 행정고시라는 '붓(文)'과 학사장교라는 '칼(武)'을 양손에 쥐었다. 그는 정약용처럼 머리로 설계하되, 정조처럼 몸으로 돌파한다. 위기의 순간, 유정복은 넥타이를 풀고 가장 먼저 달려간다. 그것은 행정가의 본능이 아니라, '장교의 심장'이 시키는 일이다.

제11장

3조 7천억의 산을 옮기다

실사구시實事求是, 말이 아니라 밥이다

파산의 도시

2014년 7월, 인천시장 취임 첫날. 빚이 3조 7천억 원이었다. 하루 이자만 12억 원. 도시는 빈사 상태였다. 공무원들은 패배감에 젖어 있었다.

욕먹을 용기

정약용이 말했다. "백성을 살리는 것은 이론이 아니라

밥이다." 유정복은 남 탓할 시간에 빚을 갚기로 했다. 그는 '재정 건전화'를 선언했다. 땅을 팔고, 허리띠를 졸라맸다. 비난이 쏟아졌다. "유정복은 짠돌이다." 지지율이 떨어졌다. 참모들이 말렸다. 유정복은 고개를 저었다. "인기 영합주의는 나라를 망치는 마약이다. 나는 욕을 먹겠다. 대신 후손들에게 빚을 넘기지 않겠다." 그는 정치적 자살행위라 불리는 긴축 재정을 밀고 나갔다. 그것은 용기였다.

주인의 증명

3년 반이 지났다. 결과는 숫자였다. 3조 7천억 원을 갚았다. 재정 정상화. 이것은 기적이 아니다. '주인 정신'이다. 나그네는 길을 탓하고 떠나지만, 주인은 길을 닦고 돌을 골라낸다. 유정복은 인천의 주인이었다. 그는 증명했다. 진짜 정치는 화려한 말잔치가 아니라, 묵묵히 빚더미라는 산을 옮겨 시민의 삶을 가볍게 해주는 것임을. 이것이 21세기의 실사구시다.

제12장
거인들의 유산

거목(巨木)은 혼자 자라지 않는다. 깊은 뿌리가 필요하다. 첫째는 정조(正祖)와 정약용이다. 그들에게서 '애민(愛民)'을 배웠다.

둘째는 박정희다. 간석동 옥상의 태극기와 함께 자란 '부국강병(富國强兵)'의 DNA다. 지도 위에 선을 긋고, 갯벌을 메워 도시를 만드는 대담한 추진력. "하면 된다"는 야성.

셋째는 박근혜다. 탄핵의 겨울과 세월호의 봄을 지나
며 배운 '원칙과 신뢰(信賴)'다.
찢겨진 명함을 줍는 인내, 한번 한 약속은 생명처럼
여기는 깐깐함. 유정복은 이 거인들의 유산을 용광로
에 녹여, '유정복의 길'을 낸다. 추진력에 원칙을 더하
고, 거기에 따뜻한 애민을 입힌 '완성형 리더십'이다.

꿈을 완성하다 '글로벌 Top10 도시, 그리고 대한민국'

정조는 수원 화성을 쌓아 개혁하려 했다. 유정복은 지
금 인천에 '21세기의 화성'을 짓고 있다. 이름하여 '글
로벌 Top10 도시'다.
인천은 좁다. 그는 인천을 세계의 자본과 기술이 몰려
오는 글로벌 허브로 만들려 한다. 이것은 대한민국을
G3(세계 3대 강국)로 끌어올리기 위한 국가 생존 전
략이다. 정약용은 200년 전 촛불 아래서 '부강한 나
라'를 설계했으나 이루지 못했다. 지금 유정복은 그 설
계도를 들고 현장을 지휘한다. 정약용의 꿈은 200년
만에 유정복의 손끝에서 현실의 빌딩으로, 공장으로,
항구로 솟아오르고 있다.

오래된 미래

평창강의 흰 돌이 가리키는 곳

다산은 붓을 놓았다. 이제 유정복이 그 붓을 들어 마침표를 찍으려 한다. 강원도 평창강 차가운 물속에서 건져 올린 흰 돌. 그 안에 새겨진 '순백의 큰 대($大$)' 자가 가리키는 곳. 사사로운 욕심을 버리고 오직 나라와 국민을 위해 걷는 대도($大道$). 유정복의 발자국을 보면 대한민국의 내일이 보인다. 바람이 분다. 담쟁이가 벽을 넘을 준비를 마쳤다.

대한민국,
새로운 기준을 묻다

| 칼의 정치를 넘어, 숲의 지혜로 |

길을 잃으면 지도를 찾고, 밤이 깊으면 북극성을 찾습니다.

지금 대한민국은 길을 잃었습니다. 무엇이 옳은지, 우리는 어디로 가야 하는지 묻고 있습니다. 지금 우리에게 필요한 것은 화려한 구호가 아닙니다. 흔들리지 않는 잣대, 바로 '기준(基準)'입니다.

흔히 정치는 '전쟁'에 비유되곤 합니다. 상대를 쓰러뜨려야 내가 사는 약육강식의 세계라고 말입니다. 하지만 제가 지켜본 유정복은 정치의 길을 걸으며 늘 다른 풍경을 꿈꾸었습니다. 상대를 찌르는 칼이 아니라, 무너진 곳 을 덮어주는 '식물'을 닮고 싶었습니다. 이 책은 바로 그 식물적 상상력에서 출발했습니다. 척박한 환경을 탓하지 않고 자신을 변화시키는 식물의 지혜, 그리고 잎 하나가 아니라 수천 개의 잎이 손을 맞잡고 절망의 벽을 넘는 담쟁이의 연대. 저는 이 '생명력'이야말로 지금 분열된 대한민국을 치유할 새로운 기준이라 확신했습니다.

이 거대한 기준의 대장정을 위해 저는 우리 역사의 두 거인을 소환했습니다.

정약용은 기준을 세웠습니다.

1762년, 썩어 문드러진 조선의 땅에서 다산은 홀로 붓을 들었습니다. 그는 '나라다운 나라'의 설계도를 그렸습니다. 백성이 근본이고, 기술이 힘입니다. 그는 차가운 유배지의 벽 안에서도 500권의 서책으로 새로운 세상의 문을 열 설계도를 그리며, 무너진 나라의 기둥을 다시 세울 기준을 설계했습니다. 그러나 그것은 종이 위의 꿈이었습니다.

문순득은 기준을 넓혔습니다.

흑산도의 홍어 장수 문순득은 태풍을 타고 바다를 건넜습니다. 류큐와 필리핀, 마카오를 돌며 그는 보았습니다. 우물 안 조선 밖에는 거대한 대양(大洋)이 있음을. 그는 거친 풍랑 속에 길을 잃고 표류하면서도 결코 포기하지 않았습니다. 몸으로 부딪쳐 조선의 좁은 울타리를 부수고, 우리의 기준을 세계로 확장하는 열쇠가 되었습니다.

200년이라는 시공간을 넘어 다산과 유정복이 같은 날 태어난 것은 단순한 우연이 아닐 것입니다. 그것은 갈라 진 세계, 혼돈의 정치 속에서 길을 잃은 우리 시대가 다시금 '흔들리지 않는 기준'을 세우라는 준엄한 명령 이었습니다.

담쟁이 대통령, 유정복이 실천합니다.

설계도가 있고 지도가 있어도, 걷지 않으면 길은 아닙니다. 1957년 태어난 유정복은 다산의 설계도와 문순득의 지도를 들고 21세기의 거친 현장에 섰습니다. 빚더미에 앉은 도시를 구해냈고, 평창강 차가운 물속에서 건져 올린 '백색의 큰 대(大)' 자처럼, 미완으로 남았던 그 오랜 기준을 현실의 땅에서 실천하고 완성했습니다. 유정복에게 정치는 화려한 수사로 성을 쌓는 일이 아닙니다. 벽을 만났을 때 비로소 손을 맞잡고 푸른 숲을 이루는 담쟁이처럼, 다산이 붓끝으로 세운 그 기준을 현장의 땀방울로 구현해내고 싶었습니다.

마침내 인천은 대한민국의 기준이 됩니다.

이제 유정복이 닦아놓은 길 위에서, 인천은 변방의 항구가 아닙니다. 인천이 가는 길이 곧 대한민국이 가야 할 길입니다. 인천의 성공은 대한민국의 표준(Standard)이 될 것입니다.

이 책은 정약용이 꿈꾸고, 문순득이 넓히고, 유정복이 완성한 치열한 '기준의 대장정'에 대한 기록입니다. 또한, 140년 전 이 땅에 '연세'라는 씨앗을 뿌린 언더우드부터 윤동주, 이한열, 한강, 박진영으로 이어지는 거대한 숲의 유산 위에서 쓰였습니다.

어떤 이들은 대문 앞에서 길이 막혔다며 절망하고 돌아섭니다. 또 어떤 이들은 그 문이 열리기만을 마냥 기다립니다. 하지만 낡은 대문은 더 이상 장벽이 아닙니다. 우리가 '기준'이라는 열쇠를 쥐고 있다면, 그 문 너머에는 반드시 우리가 꿈꾸던 푸른 숲이 기다리고 있을 것입니다.

식물의 지혜를 빌려 쓴 이 부족한 글이, 갈라진 우리 사회의 틈을 메우는 작은 '접착제'가 되기를 소망합니다. 책장은 여기서 덮이지만, 우리가 함께 열어야 할 미래의 문은 이제 막 눈앞에 나타났습니다. 유정복과 함께 이 문을 열어주신 여러분, 참으로 고맙습니다.

이제 안심하십시오. 숲은 이미 우리 곁에 와 있습니다.

2026년 새봄

권 현

바람은 강의 방향을
바꾸지 못한다